Narzissmus in Beziehungen

- Soforthilfe für Betroffene -

Mit diesen 138 Warnzeichen und Methoden erkennen Sie einen Narzissten, befreien sich aus einer toxischen Partnerschaft und finden echte Liebe

Sigmund Ambrosius

Inhaltsverzeichnis

Einführung

Wenn Sie dieses Buch in die Hand genommen haben, fragen Sie sich vielleicht, ob Sie in einer Beziehung mit einem Narzissten sind. Oder Sie wissen, dass Sie in einer Beziehung mit einem Narzissten sind und fragen sich nun, wie Sie da wieder herauskommen können. Oder Sie versuchen einzuschätzen, ob Sie wirklich aussteigen müssen oder ob die Dinge besser werden.

Vielleicht sind Sie zu diesem Buch gekommen, weil Sie sich aus einer Beziehung gelöst haben, die gut begonnen hat, Sie dann aber verletzt und verunsichert zurückgelassen hat in Bezug auf das, was schiefgelaufen ist. Nun suchen Sie nach Wegen, die Geschehnisse aufzuarbeiten und nach vorne zu blicken. Sie wollen vermeiden, dass sich die Verwüstungen, die ein Narzisst an Ihrem Wohlbefinden anrichten konnte, wiederholen.

Einige von Ihnen sind vielleicht sogar in einer neuen Beziehung mit jemandem, der von einem Narzissten verletzt wurde, und möchten wissen, wie man ihm helfen kann, dieses Trauma zu bewältigen.

Was auch immer Sie hierher gebracht hat, Sie sind an der richtigen Stelle. In den folgenden Kapiteln lernen Sie, wie Sie narzisstischen Missbrauch erkennen und wie Sie einen Narzissten ausmachen können, damit Sie nicht wieder in solche Situationen geraten. Sie werden lernen, wie sich ein Narzisst artikuliert, wie er sich verhält und wie er reagiert.

Sie werden lernen, wie Sie sich selbst schützen und welche Techniken Sie anwenden können, um sich zurückzuziehen, damit Sie nicht die Wut dieses besonders schwierigen Persönlichkeitstyps auf sich ziehen. Am wichtigsten ist, dass Sie die Mittel erhalten, die Ihnen helfen, sich von Ihrer Erfahrung zu erholen und sich einer glücklicheren Zukunft und besseren Beziehungen zuzuwenden.

Ich bin im Laufe meiner Zeit einigen Narzissten begegnet, habe diesen beunruhigenden Persönlichkeitstyp genau studiert und viele der Geheimnisse entschlüsselt, die ihn zu dem machen, was er ist. Sobald Sie ihn wirklich verstehen, verliert er seine Macht über Sie und offenbart sich als das, was er ist – ein gestörtes und zutiefst einsames Individuum, das leider zu beschädigt ist, um gesunde, ausgeglichene Beziehungen mit anderen zu genießen. *Sie* können ihm nicht helfen.

Lesen Sie dieses Buch, und Sie werden aus der Lektüre nicht nur mit einem größeren Verständnis, sondern auch mit den Mitteln hervorgehen, die Sie benötigen, um sich von dem Narzissten in Ihrem Leben zu befreien. Sie können sich auf mehr Frieden und Geborgenheit in Ihren zukünftigen Beziehungen freuen, auf ein Gefühl der Sicherheit und des Wohlbefindens und auf ein größeres Selbstvertrauen – denn ein Narzisst ist ziemlich geschickt darin, dieses zu untergraben.

Wir werden Folgendes behandeln:

- ## Wie man einen Narzissten erkennt

Sie werden herausfinden, was er zu Ihnen sagen wird, auf welche Art er Sie provozieren kann und vor allem, welche Gefühle er in Ihnen auslösen wird. Wir sehen uns die verschiedenen Typen von Narzissten an sowie einige Beispiele, wie sie sich in bestimmten Situationen verhalten, zum Beispiel bei einem ersten Date.

Wir werden uns auch ansehen, was jemanden zu einem Narzissten macht und woraus ihr wahres Wesen unter ihrer harten Schale besteht (Hinweis: Unreife). Zu wissen, wie klein und ängstlich diese Menschen hinter ihrem perfekten Äußeren sind, ist der Schlüssel, um ihr Verhalten zu verstehen und sich davon nicht länger beeinflussen zu lassen.

- ## Wie man sich von narzisstischem Missbrauch erholt

Ein Narzisst kann scheinbar ohne Reue Schaden anrichten. Mit seinen Worten und seinem Verhalten kann er Sie dazu bringen, dass Sie an sich selbst und Ihrem Verstand zweifeln und dass Sie sich in einem ständigen Konflikt befinden. Ein Narzisst lebt von Drama, Zwietracht und Konflikten, während die Menschen um ihn herum kaum etwas anderes tun können, als seinen nächsten Angriff abzuwehren. Aber Sie können diesen Kreislauf durchbrechen und nicht wieder in ihn zurückverfallen.

In diesem Buch erfahren Sie, wie Sie sich selbst bestärken, das Trauma aufarbeiten und Ihr Selbstwertgefühl nach narzisstischem Missbrauch wiederherstellen können. Wir schauen uns auch an, wie man sich sicher von einem Narzissten trennt und loslöst, ohne seine narzisstische Wut auf sich zu ziehen.

- **Wie man mit einem Narzissten im Moment umgeht**

Leider ist dieses Persönlichkeitsmerkmal relativ häufig. Tatsächlich gibt es Zeiten, in denen es einfacher ist, mit einem Narzissten auszukommen. Ein Beispiel ist, wenn Sie einen an Ihrem Arbeitsplatz haben, Sie ansonsten Ihren Job jedoch lieben. Ein weiteres Beispiel ist, wenn Sie ein narzisstisches Familienmitglied haben, mit dem Sie um des allgemeinen Friedens willen einen gewissen Kontakt aufrechterhalten müssen. Warum sollten Sie gehen, nur, um dieser einen Person zu entkommen?

Die Antwort ist: Sie brauchen nicht zu gehen. Aber was Sie brauchen, sind einige einfache Techniken, um auf diese Begegnungen vorbereitet zu sein. Auf diese Weise können Sie in spontanen Situationen mit dem Narzissten auf eine ruhige, bestimmende Weise umgehen, wenn er versucht, Sie in Rage zu bringen. Der andere Vorteil davon ist, dass er sich wahrscheinlich langweilen wird, zu seinem nächsten Opfer weiterzieht und Sie in Ruhe lässt.

- **Wie man einem Narzissten entkommt**

Eine Sache, die Narzissten nicht tolerieren können, ist, ignoriert oder verlassen zu werden. Dies löst all ihre unterdrückten Gefühle aus, die oft noch aus der Kindheit stammen und die sie überhaupt erst dazu gebracht haben, sich missbräuchlich zu verhalten. Sie können sich sicher sein, dass ein Narzisst Ihnen den Weggang genauso schwer machen wird, wie er für ihn ist. Sobald Sie geflohen sind, wird der Narzisst in Ihrem Leben einfach zu jemand anderem weiterziehen – aber bevor das passiert, können Sie mit einem Ausbruch all seiner schlimmsten Verhaltensweisen rechnen. In den schwerwiegendsten Fällen könnten Sie wirklich in Gefahr geraten.

Es gibt jedoch Möglichkeiten, den Narzissten zu entwaffnen, sich langsam zurückzuziehen und sich zu schützen. Diese Techniken können erlernt werden und machen den Prozess für Sie einfacher und weniger belastend. Mit etwas Planung und leicht zugänglichen Taktiken in der Tasche werden Sie sich bald auf eine friedlichere Zukunft freuen, weit weg von diesem geschädigten und schädlichen Individuum.

- **Wie Sie anderen Opfern von narzisstischem Missbrauch helfen können**

Der Umgang mit einem Narzissten kann dazu führen, dass Sie sich isoliert fühlen und an Ihrer eigenen Vernunft zweifeln. Lesen Sie weiter, um wichtige Mittel zu finden, die Ihnen nicht nur helfen, sich selbst zu erholen, sondern auch dabei, die Anzeichen bei anderen Opfern zu erkennen. So können Sie diese darin unterstützen, sich ebenfalls zu befreien. Je mehr über diesen Persönlichkeitstypus bekannt wird, desto mehr hoffe ich auf eine Welt, in der dieser nicht mehr so leicht davonkommt, wie es im Moment der Fall zu sein scheint. Narzissten leben von der Geheimhaltung, und indem ich dieses Buch schreibe und ihre Geheimnisse aufdecke, hoffe ich, dass Sie aus meiner Arbeit lernen und sich besser gerüstet fühlen, um sich einfach von ihnen zu lösen.

Durch meine Aufzeichnungen, meine Forschung und mein genaues Studium dieses speziellen Persönlichkeitstyps habe ich vielen Menschen geholfen, sich von narzisstischem Missbrauch zu befreien. In einer Beziehung mit einem Narzissten gefangen zu sein, vergleiche ich mit der Analogie des „Frosches im Wasserglas" – wenn der Frosch merkt, dass das Wasser kocht, ist es zu spät, um noch herauszuspringen.

Erschöpft von den Psychospielchen, Wutanfällen und verletzenden Beleidigungen des Narzissten, haben Sie es schwer, zu entkommen. Am Ende zweifeln Sie an sich selbst. Sie haben vielleicht das Gefühl, dass Sie in eine scheinbar endlose Situation verstrickt sind und nicht mehr den Mut dazu haben, ihr zu entkommen.

Lassen Sie nicht zu, dass Ihnen das passiert! Bilden Sie sich weiter, lernen Sie, auf welche Anzeichen Sie achten müssen und wie Sie auf sich und andere aufpassen können. Ein Narzisst hat die Macht, großen Schaden und unsägliches Leid in seiner Umgebung anzurichten, aber das muss nicht so sein. Narzissten sind nur so stark, wie Sie es ihnen erlauben.

Wenn Sie diesen Persönlichkeitstyp wirklich verstehen, werden Sie sehen, dass er nicht annähernd so mächtig ist, wie er erscheint. Sie werden genau wissen, was Sie sagen und wie Sie sich verhalten müssen, damit sich der Narzisst einfach langweilt und zu jemand anderem weiterzieht. Meiner Erfahrung nach sind Narzissten sehr schwer, wenn nicht gar unmöglich, zu behandeln.

Sie ändern sich nicht und sie suchen auch keine Hilfe. Oft sind sie vollkommen zufrieden mit dem Status quo und resistent gegen jede Veränderung oder größere Gleichberechtigung in ihren Beziehungen zu anderen. Warum sollten sie eine Veränderung wollen, wenn alle anderen nach ihrer Pfeife tanzen?

So schwer es auch ist, es hat keinen Sinn, sich zu wünschen, dass der Narzisst sich ändert, auch wenn er Ihnen manchmal Versprechungen macht. Er wird sich nie ändern. Alles, was Sie tun können, ist, das zu akzeptieren und mit Ihrem eigenen Leben weiterzumachen.

Mit meiner Hilfe können Sie einer glücklicheren Zukunft entgegensehen. Sie können entkommen und ein Leben frei von Drama und dem giftigen Einfluss eines Narzissten führen. Sie können größere Zufriedenheit und ein Gefühl von Sicherheit und Sinnhaftigkeit erlangen. Und was noch wichtiger ist: Sie haben es sich verdient. Narzissten sind sehr geschickt darin, an unsere besten Charakterzüge zu appellieren und die nettesten und einfühlsamsten

Menschen zu manipulieren, um ihre eigenen egoistischen Bedürfnisse zu erfüllen. Sie müssen dem nicht zum Opfer fallen, und Sie müssen sich nicht in ihre Spiele hineinziehen lassen.

Lesen Sie weiter, um herauszufinden, wie Sie dies erreichen.

Kapitel eins –
Narzissmus enträtseln

In diesem Kapitel beginnen wir, den Narzissmus zu enträtseln, um herauszufinden, worum es sich handelt, was ihn verursacht und wie man ihn bei anderen erkennt. Wir schauen uns auch die Arten von Menschen an, die dazu neigen, den Machenschaften eines Narzissten zum Opfer zu fallen.

Wir geben Ihnen einige Hinweise, worauf Sie achten sollten, wenn Sie Menschen zum ersten Mal treffen, und auf welche seltsamen Verhaltensweisen Sie achten sollten. Los geht's!

Die sieben Warnzeichen der narzisstischen Persönlichkeitsstörung

Narzissmus ist eine anerkannte Persönlichkeitsstörung, von der man annimmt, dass sie etwa 6 % der Bevölkerung betrifft, obwohl viele, die darunter leiden, nicht diagnostiziert werden. Sie ist gekennzeichnet durch ein großspuriges (oft unverdientes) Selbstbewusstsein, ein rücksichtsloses Bedürfnis, andere auszubeuten, und ein starkes Anspruchsdenken. Narzissten sind auch anfällig für narzisstische Wutanfälle. Leider halten sie ihr wahres Ich vor anderen verborgen und können auch extrem charmant sein, wenn es die Situation erfordert.

Sobald Sie wissen, worauf Sie achten müssen, sind Narzissten in der Regel leicht zu erkennen, und Sie können sie auf Distanz halten, ohne in ihre Welt hineingezogen zu werden. Aber wonach müssen Sie Ausschau halten?

Lesen Sie im Folgenden über die sieben wichtigsten Anzeichen für eine narzisstische Persönlichkeitsstörung, wenn Sie glauben, dass jemand, den Sie kennen oder der Ihnen nahesteht, daran leiden könnte. Schauen Sie, ob etwas davon auf denjenigen zutrifft.

1 Der Narzisst hat ein großspuriges Selbstverständnis

Der Narzisst muss immer der Beste sein: der am besten Aussehende, der Erfolgreichste, der Interessanteste. Während dies kurzfristig charmant oder liebenswert sein kann, wird es schnell zermürbend für die Menschen in der Umgebung dieser Person, da sie darum kämpfen, dass ihre eigenen Leistungen und Bedürfnisse anerkannt werden.

Narzissten glauben, dass sie besonders und einzigartig sind. Sie glauben, dass sie nur mit anderen besonderen Menschen verkehren sollten und dass sie in jeder Situation die bestmögliche Behandlung und Aufmerksamkeit verdienen. Sie trainieren andere, dies ebenfalls zu glauben, sodass Sie, bevor Sie es merken, dieser Person den Hof machen und sie mit übermäßiger Sorgfalt behandeln – oft auf Kosten Ihrer eigenen Zeit, Ihres Wohlbefindens, Ihrer Energie und Ihrer persönlichen Entwicklung.

Narzissten werden zudem übertreiben und lügen, wenn es um ihre Leistungen geht, und die Leistungen anderer herunterspielen, ignorieren oder sich weigern, diese anzuerkennen. Was auch immer Sie in Ihrem Leben erreicht haben, Sie können sich sicher sein, dass der Narzisst es auch geschafft hat – und zwar besser.

Klassisches narzisstisches Verhalten:

Sie: Oh, raten Sie mal! Mein Roman wird veröffentlicht!

Er: Das ist schön. Das erinnert mich daran, dass ich ebenfalls einen Roman schreiben werde. Ich liebe das Schreiben, und ich war immer sehr gut in Deutsch. Alle haben mir immer gesagt, ich sollte ein Buch schreiben. Wer ist Ihr Agent, und können Sie mir seine Kontaktdaten schicken? Ich würde gerne mit ihm über mein geplantes Buch sprechen.

2 Er lebt in einer Fantasiewelt

In ihrer eigenen Welt sind Narzissten erfolgreich, wunderbar und dazu da, bewundert zu werden. Wenn Sie diese Überzeugungen unterstützen und den Narzissten darin bestätigen, werden Sie seine Anerkennung genießen. Wenn Sie es jedoch wagen, ihn in Bezug auf die Wahrheit oder die Details seiner vielen Errungenschaften infrage zu stellen, müssen Sie mit einer ernsthaften Gegenreaktion rechnen. Sie werden bald lernen, sich in der Nähe des Narzissten vorsichtig zu verhalten, um Gegenwind oder **narzisstische Wut**, die nur wenige Grenzen kennt, zu vermeiden.

Klassisches narzisstisches Verhalten

Wenn ein Narzisst Sie zu Hause besucht, erwartet er, dass Sie ihn bewirten, bedienen, hinter ihm aufräumen und ihm möglicherweise Geld leihen, ohne dass dafür eine Gegenleistung erbracht wird. Wenn Sie ihn besuchen, rechnen Sie damit, dass er Ihnen wenig zu essen anbietet und dass Sie die ganze Zeit zuhören, wie er über sich selbst redet. Schließlich können Sie sich glücklich schätzen, in seiner Nähe zu sein.

3 Er verlangt überschwängliches Lob und ungeteilte Aufmerksamkeit

Wenn Sie sich in der Gesellschaft eines Narzissten befinden, werden Sie nach einer Weile anfangen, etwas zu bemerken: Es geht nur in eine Richtung. Sie sind nur dazu da, um ihm zuzuhören, wenn er darüber redet, wie wunderbar, talentiert und besonders er ist. Er will, dass Sie hören, wie viele Freunde er hat und wie erfolgreich er mit seiner Karriere ist.

Wenn Sie versuchen, etwas von ihm zurückzubekommen oder ihn bitten, Sie in irgendeiner Weise anzuerkennen, dann bereiten Sie sich darauf vor, frustriert zu sein: Der Narzisst ist einfach unfähig, jemand anderem Aufmerksamkeit zu schenken. Es widerspricht seiner Überzeugung, dass er derjenige ist, um den man sich kümmern und dem man Respekt zollen muss. Er findet es unglaublich schwierig, sich auf andere zu konzentrieren oder diese anzuerkennen.

Klassisches narzisstisches Verhalten

Sie sind auf einer Party, auf der die Schwangerschaft einer Freundin gefeiert wird. Der Narzisst wird die Gelegenheit nutzen, um seine eigenen Pläne, ein Baby zu bekommen, zu verkünden, und letztendlich kommt es so, dass Sie Sekt trinken und ihm gratulieren, während er in der Mitte des Kreises steht, lächelt und die Aufmerksamkeit genießt. Die schwangere Freundin gerät währenddessen in Vergessenheit.

4 Er hat ein extremes Anspruchsdenken

Natürlich verdienen wir es alle, mit Respekt und Freundlichkeit behandelt zu werden, aber ein Narzisst übertreibt diese Forderung völlig. Wenn Sie den Narzissten persönlich kennen, werden Sie sich vielleicht mit der Zeit an seine Ansprüche gewöhnen und akzeptieren, dass er „einfach so ist", aber es ist oft atemberaubend, zu sehen, wie sich sein Anspruchsdenken gegenüber anderen Menschen auswirkt.

Einen Narzissten im Umgang mit anderen zu beobachten, ist oft ein Aha-Erlebnis für seine Opfer. Sie sehen möglicherweise, für wie berechtigt er sich anderen gegenüber hält, und schämen sich für ihn. Sie wären ziemlich erstaunt über seine Fähigkeit, die unverschämtesten Forderungen zu stellen, scheinbar aus Spaß an der Sache.

Wie behandelt ein Narzisst Kellner, Empfangspersonal, Ladenbesitzer? Er kann übermäßig herzlich zu denen sein, die ihn mit Respekt behandeln, aber passen Sie auf, wenn jemand es wagt, ihn in die Schranken zu weisen oder sich weigert, ihm bei seinen oft unangemessenen Forderungen zu helfen.

Klassisches narzisstisches Verhalten

Sie sind in einer fremden Stadt und suchen nach einer Bank. Der Narzisst wird in ein nahe gelegenes Hotel gehen und verlangen, dass der Rezeptionist die Wegbeschreibung einer Bank nachschlägt, sie für ihn aufschreibt und ihm dann – im Nachhinein – detaillierte Tipps zu verschiedenen lokalen Museen gibt. Wenn der Rezeptionist sich weigert, ihm zu helfen, wird der Narzisst extrem wütend, unhöflich und gereizt und sich bitterlich darüber beschweren, wie unverschämt die Person war.

5 Er beutet andere ohne Schuld und Scham aus

Wir alle machen uns manchmal schuldig, im Umgang mit anderen zu weit zu gehen, und die meisten Menschen entschuldigen sich, sobald sie das erkennen, und machen es wieder gut. Wir empfinden vielleicht Scham oder Schuldgefühle und geloben, aus unserem Fehler zu lernen und es beim nächsten Mal besser zu machen.

Aber für den Narzissten gibt es kein Gefühl von Schuld oder Scham. Es gibt nur Wut und ein Gefühl von heftiger Ungerechtigkeit, wenn sie für ihr Verhalten zur Rede gestellt werden – schließlich sind sie *etwas Besonderes*. Es ist ihnen erlaubt, die Regeln zu brechen. Im Gegensatz zu normalen Menschen sucht der Narzisst ständig nach einem Ausweg – und er ist sehr geschickt darin, die natürliche Höflichkeit und Großzügigkeit der Menschen auszunutzen, um seine eigenen Bedürfnisse zu befriedigen.

Narzissten sehen keinen Sinn darin, anderen zuliebe zu helfen. Alles, worum sie sich kümmern, ist, ihre eigenen

Bedürfnisse zu befriedigen, und sie sind bereit, sich so schlecht zu verhalten, wie es nötig ist, damit dies geschieht. Das Einzige, was sie von diesem Verhalten abhalten kann, ist die Sorge, dass sie zu weit gehen und den Zugang zu der Person oder Sache, die sie ausnutzen, verlieren. Dann, und nur dann, werden sie sich vorübergehend zurückziehen, damit sie in Zukunft weiter benutzen und missbrauchen können.

Klassisches narzisstisches Verhalten

Ein Narzisst wird Ihr Angebot, einen Ausflug zu machen, annehmen, aber sein Portemonnaie „vergessen". Sie werden am Ende für das Mittagessen, die Getränke und die Eintrittsgelder bezahlen. Im letzten Moment, in einem Geschäft, wird er jedoch plötzlich sein Portemonnaie „finden" und sich mit dem Geld, das er durch Sie gespart hat, eine neue Tasche kaufen. Im Zug nach Hause wird er erwähnen, dass er Ihnen das Geld zurückzahlen wird, aber Sie werden das Geld nie wiedersehen, oder gar ein Dankeschön dafür bekommen, dass Sie ihn den ganzen Tag verwöhnt haben.

Oder nehmen wir an, Sie lernen auf einer Party jemanden kennen, der ein Freund eines Freundes ist. Er überschüttet Sie mit Aufmerksamkeit und findet über Ihren Freund Ihre E-Mail-Adresse oder Telefonnummer heraus. Ehe Sie sich versehen, befindet er sich auf der Durchreise in Ihrer Stadt – weil Sie sich auf der Party doch so gut unterhalten haben, ist es okay, wenn er mittags bei Ihnen vorbeikommt? Ehe Sie sich versehen, kochen Sie ihm Mittagessen und hören ihm zwei Stunden lang zu, wie er über sich selbst redet, leihen ihm ein Buch und helfen ihm, ein

Problem mit seinem Telefon zu lösen – alles an Ihrem freien Tag.

6 Er schikaniert, erniedrigt und demütigt

Um andere zu kontrollieren, muss man dafür sorgen, dass sie sich klein und schwach fühlen, und niemand ist darin besser als ein Narzisst. Er ist Experte darin, Ihre Schwachstellen oder Empfindlichkeiten aufzuspüren und dieses Wissen dann zu nutzen, um Sie zu tyrannisieren und zu demütigen, wann immer Sie sich selbst zu übertreffen scheinen. Für ihn ist das alles ein Spiel. Er mag es, andere zu erniedrigen, weil er sich dadurch mächtig fühlt, und es passt ihm gut, dies bei denen zu tun, die ihm nahestehen, weil sie dadurch leichter zu kontrollieren sind.

Klassisches narzisstisches Verhalten

Sie haben sich herausgeputzt und fühlen sich gut, und der Narzisst macht eine abfällige Bemerkung über Ihr Aussehen, lacht Sie aus oder weigert sich einfach, die Mühe anzuerkennen, die Sie sich gemacht haben. Wenn Sie zu selbstbewusst auftreten, wird er mit einem bösen Kommentar über Ihre Haare oder Ihre Kleidung kommen, um Sie zurechtzuweisen.

7 Er hat kein Einfühlungsvermögen

Dies ist vielleicht das erschreckendste Merkmal eines Narzissten und auch seine zentrale Eigenschaft. Es fehlt ihm an grundlegender Empathie und er kann sich einfach nicht in irgendeiner sinnvollen Weise mit dem Schmerz anderer auseinandersetzen. Er kann es vielleicht vortäuschen, aber in Wirklichkeit rührt ihn das Leiden anderer nicht an. Einige der bösartigeren Narzissten (mehr dazu später) scheinen sogar eine seltsame Freude daran zu haben, die Menschen um sie herum leiden zu sehen.

Klassisches narzisstisches Verhalten

Sie haben sich gerade von Ihrem Freund getrennt. Sie erzählen dem Narzissten in allen Einzelheiten davon und erhalten im Gegenzug kein Mitgefühl oder Trost, sondern nur einen gelangweilten Kommentar darüber, dass sich die Beziehung sowieso ziemlich hingezogen hat und dass Sie anscheinend immer so viel Pech in der Liebe haben. Er wechselt das Thema, um darüber zu sprechen, wie gut seine eigene Beziehung läuft.

Was ist die Ursache von Narzissmus?

Viele Psychologen glauben, dass Narzissmus seine Wurzeln in der Kindheit hat. Oft scheint er aus einer Kombination aus dem Ersticken eines Kindes mit Liebe und Anerkennung einerseits und der Vernachlässigung des Kindes andererseits geboren zu sein. Narzissten können z. B. auf ein Internat geschickt worden sein, sodass sie Ferien voller Luxus und Privilegien hatten, die von langen Perioden institutioneller Betreuung unterbrochen wurden, in denen sie sich allein und von ihren Eltern verlassen fühlten.

Kleine Kinder neigen dazu, ziemlich egoistisch und empathielos zu sein; Eigenschaften, die mit sich mit zunehmendem Alter verlieren. Der Narzisst scheint jedoch nie zu lernen, freundlicher zu sein. Es kann sein, dass er als Kind übermäßig verwöhnt wurde und sich alles erlauben

durfte, aber auch von seinen Hauptbezugspersonen vernachlässigt wurde und nie gelernt hat, Empathie zu empfinden oder über die Auswirkungen seines Verhaltens auf
andere nachzudenken.

Manchmal passiert ihm etwas so Traumatisches, dass er in
einer egoistischen, unreifen Art des Umgangs mit anderen stecken bleibt. Er ist erwachsen, benimmt sich aber
wie ein Baby. Auch hier kann es daran liegen, dass seine
Bezugspersonen ihm nicht das Rüstzeug geben, andere
gut zu behandeln.

Wie bei allen Persönlichkeitsmerkmalen ist es unmöglich,
zu sagen, wie viel davon auf Kindheitserfahrungen zurück-
zuführen ist und wie viel einfach Temperament und Gene
ausmachen. Für die Menschen in der Umgebung des Narzissten ist es wichtig, zu wissen, wie man mit ihm umgeht,
und nicht, was ihn zu dem gemacht hat, das er ist.

Es ist jedoch wichtig, sich daran zu erinnern, dass die Wurzeln des Narzissmus in der Kindheit liegen, was bedeutet,
dass es sich um einen grundlegenden Aspekt der Natur
dieser Person handelt, den sie nicht ändern kann und der
in keiner Weise Ihre Schuld ist. Sie werden es sehr schwierig, wenn nicht gar unmöglich finden, einen Narzissten zu
ändern. Alles, was Sie tun können, ist, die Art und Weise
zu ändern, wie Sie auf ihn reagieren.

Der Unterschied zwischen Narzissmus und Selbstbewusstsein oder Arroganz

Es wird geschätzt, dass etwa 6 % der erwachsenen Bevölkerung an Narzissmus leidet. Aber was unterscheidet ihn

von der Arroganz, die wir in der Popkultur sehen? Was unterscheidet Narzissmus von der Selfie-Kultur und der Selbstdarstellung und Angeberei, die wir zum Beispiel in den sozialen Medien sehen?

Der Unterschied liegt oft darin, wie authentisch dieses Selbstvertrauen ist – wenn es echt ist, verursacht es in der Regel keine Probleme. Aber wenn es eine in Wirklichkeit viel unsicherere Person verbirgt, kann es eine Katastrophe bedeuten. Es ist nichts falsch daran, Selbstvertrauen im Leben zu demonstrieren, auch wenn es manchmal in Arroganz umkippt; das hat nichts mit Narzissmus zu tun. Narzissten leiden unter Eifersucht und versuchen immer, andere Menschen zu erniedrigen, um ihr eigenes Selbstwertgefühl aufzubessern.

Dem Narzissten fehlt jede Form von Selbstvertrauen – tief im Inneren ist er eigentlich ein sehr kleines, verängstigtes Kind. Sein großspuriges Verhalten ist defensiv und ein Weg, sich vor weiterem Schaden zu schützen. Was wie berechtigtes Verhalten aussieht, ist in Wirklichkeit ein Schauspiel, hinter dem sich jemand mit sehr wenig Selbstwert verbirgt.

Dies ist kein echtes Selbstvertrauen, welches die Menschen im Allgemeinen angenehmer macht. Man kann zum Beispiel auch mal ein arroganter Mensch sein und trotzdem ein liebevoller Partner. Ein Narzisst hingegen hat eine Persönlichkeitsstörung und es ist schwierig, wenn nicht gar unmöglich, mit ihm eine gesunde und für beide Seiten befriedigende Beziehung zu führen.

Vier Typen von Narzissten, von denen Sie sich fernhalten sollten

Narzissten gibt es in verschiedenen Formen, und einige sind leichter zu erkennen als andere. Alle sollten jedoch vermieden werden. Hier sind vier erkennbare Typen und worauf Sie bei jedem von ihnen achten sollten:

1 Offene Narzissten

Sie machen sich das Leben (relativ) einfach, weil man sie schon aus einem Kilometer Entfernung erkennen kann. Das sind die Menschen, die auf Twitter mit ihrer neuesten Errungenschaft prahlen oder darüber lügen, wie viel ihr Auto kostet oder wie viel sie verdienen.

Offene Narzissten neigen auch zu öffentlichen Ausbrüchen und Zusammenbrüchen, was es wiederum leicht macht, sie auszumachen und zu vermeiden. Sie können sehr charmant und verführerisch sein, wenn sie etwas wollen, aber sobald sie es haben, werden sie weiterziehen.

2 Versteckte oder heimliche Narzissten

Diese Typen sind schwieriger zu erkennen und besser darin, ihre wahre Natur zu verbergen. Sie präsentieren sich vielleicht als Heilige, die viel für wohltätige Zwecke tun und sich durch gute Taten hervortun. Kratzen Sie jedoch an dieser makellosen Oberfläche oder erwischen die Person ohne ihre Maske, werden Sie einen Narzissten vorfinden.

3 Toxische Narzissten

Narzissmus, wie alle Persönlichkeitsmerkmale, umfasst ein ganzes Spektrum. Ein wenig Narzissmus ist gesund, ein bisschen mehr ist ärgerlich, aber eine Menge davon ist gefährlich.

Toxische Narzissten befinden sich am extremen Ende des Spektrums. Seien Sie also auf ein Drama vorbereitet, wenn Sie einen von ihnen in Ihr Leben lassen. Sie können boshaft, extrem fies oder schikanös sein und Ihnen generell das Leben extrem schwer machen.

4 Psychopathische Narzissten

Ich hoffe wirklich, dass Sie niemals einem dieser Charaktere begegnen werden. Sie sind wirklich gefährlich, zeigen keine Empathie oder Reue und versuchen aktiv, anderen Leid zuzufügen. Mörder und gefährliche Missbrauchstäter fallen in diese Kategorie. Sie genießen das Leiden anderer und sind in ihrem Konsum von Elend und Schmerz wie Vampire.

Die vier Typen von Menschen, zu denen sich Narzissten hingezogen fühlen

Eine Sache, die Sie über Narzissten verstehen müssen, ist, dass sie sehr wenig Selbstwertgefühl haben. Anstatt ein normales, gesundes Selbstwertgefühl zu entwickeln, haben sie als Erwachsene das Gefühl, etwas Besonderes zu sein und gleichzeitig sehr missverstanden zu werden – eine seltsame Kombination, und keine glückliche.

Wie Vampire fühlen sie sich zu Menschen mit einem guten Selbstwertgefühl und einer gewissen Empathie gegenüber anderen hingezogen. Ein Narzisst wird sowohl von

Ihrer Freundlichkeit profitieren als auch Ihr Selbstwertgefühl unterdrücken wollen, damit Sie ihm mehr von Ihrer Energie geben. Sie ernähren sich von den guten Gefühlen anderer, weil sie keine eigenen haben, auf die sie zurückgreifen könnten.

Einer der Begriffe, die Sie im Zusammenhang mit Narzissten hören werden, ist „Versorgung". Aber was ist das? Im Wesentlichen ist **narzisstische Versorgung** das, was der Narzisst von Ihnen will – Versorgung ist für ihn Aufmerksamkeit, Drama, Fokus, Energie. Vielleicht haben Sie schon einmal den Satz gehört: „Sie hat mir alle Energie entzogen." So fühlt es sich an, wenn man längere Zeit mit einem Narzissten zusammen ist – man fühlt sich gezwungen, ihm viel von sich selbst zu geben, während man sehr wenig zurückbekommt, und am Ende ist man erschöpft.

Hier sind vier der Merkmale, die man bei denjenigen findet, die den Psychospielchen des Narzissten zum Opfer fallen. Denken Sie jedoch daran, dass Sie diesem nicht nachgeben müssen. Wenn Sie lernen, einen Narzissten zu erkennen, können Sie gut Grenzen setzen und sich selbst schützen. In den folgenden Kapiteln werden wir Ihnen zeigen, wie das geht.

1 Jemand, der erfolgreich und talentiert ist

Obwohl Sie den Narzissten nie dazu bringen werden, es zuzugeben, kann es sein, dass er es auf Sie abgesehen hat, weil er Sie in irgendeiner Weise für erfolgreich oder talentiert hält. Da er mit seinen Eifersuchtsgefühlen nicht umgehen kann, wird er ein Spiel daraus machen, Sie zu demütigen und Ihr Selbstvertrauen zu zerstören, um sich selbst besser zu fühlen.

Funktioniert das tatsächlich? Nein. Aber denken Sie daran, dass der Narzisst sehr unreif ist. Er ist wie ein Vierjähriger, der auf der Sandburg eines anderen Kindes herumtrampelt, die er am liebsten selbst gebaut hätte. Jemand anderen zu Fall zu bringen, verschafft ihm vielleicht eine vorübergehende Erleichterung, aber schon bald werden diese Gefühle von Eifersucht und Unzulänglichkeit zurückkehren. Wenn Sie dann in seiner Nähe sind, machen Sie sich darauf gefasst, erneut angegriffen zu werden. Dies ist der Kreislauf des narzisstischen Missbrauchs, und Sie werden bald erkennen, dass auf die guten Tage immer schlechte folgen.

Narzissten fühlen sich auch zu erfolgreichen Menschen hingezogen, weil sie glauben, sie könnten auf Ihrer Erfolgswelle mitschwimmen und sich an Ihren Kontakten und Talenten bereichern – zum Beispiel, indem sie bei Ihren beruflichen Veranstaltungen auftauchen und ihre Verbindung zu Ihnen nutzen, um Leute zu treffen und zu versuchen, ihre eigenen Interessen voranzutreiben.

2 Jemand, der bewirkt, dass sich der Narzisst gut fühlt

Auch hier werden Sie feststellen, dass Menschen, die sich selbst gut fühlen, dazu neigen, die gleiche Energie an andere weiterzugeben. Also werden sie anderen Menschen Komplimente machen oder mit freundlichen Gesten auf sie zugehen, in dem Glauben, dass man sich im Leben

eben so verhält. Unglücklicherweise wird der Narzisst mehr und mehr von diesen Freundlichkeiten wollen, bis der Geber sich von ihm ausgelaugt und erschöpft fühlt. Narzissten sind bodenlose Fässer von Bedürftigkeit, und wenn man ihnen den kleinen Finger gibt, nehmen sie die ganze Hand.

Auch hier kann ich nicht genug betonen, wie wichtig es ist, nicht auf die Worte von jemandem zu schauen – die sehr charmant sein können, wenn es nötig ist – sondern darauf, wie Sie sich in seiner Nähe fühlen. Fühlen Sie sich gereizt? Fühlen Sie sich erschöpft? Wenn Sie jemand sind, der dazu neigt, freundlich und großzügig zu sein, seien Sie sich bewusst, dass Sie sich manchmal um Ihrer selbst willen zurückhalten müssen.

3 Jemand, der ihn gut dastehen lässt

Es geht nicht um Sie; es geht um ihn. Wenn Sie also ein gewisses Talent haben, gut aussehen oder in irgendeiner Weise beeindruckend sind, kann es sein, dass sich ein Narzisst an Sie hängt und sich in Ihrem Glanz sonnt. Sie finden die Aufmerksamkeit vielleicht schmeichelhaft, aber nach einer Weile werden Sie sie abschütteln wollen. Das ist der Moment, in dem Sie merken, dass dies nicht so einfach ist wie bei einer normalen Person.

4 Jemand, der ihn verwöhnt und sich sein Verhalten gefallen lässt

Seien Sie vorsichtig damit, bei einem Narzissten zu freundlich oder verständnisvoll zu sein. Während normale Menschen Ihre Freundlichkeit nicht ausnutzen werden,

können Sie sich sicher sein, dass dieser Persönlichkeitstyp es tun wird. Er wird sich im Wesentlichen an Ihrem
Wohlwollen und Ihrer Aufmerksamkeit laben und mehr
und mehr davon brauchen. Und wenn Sie versuchen, sich
zurückzuziehen oder Grenzen zu setzen, müssen Sie sich
auf Ärger gefasst machen.

Da haben Sie es also. In diesem Kapitel haben wir uns
angesehen, was jemanden zu einem Narzissten macht und
zu welchen Arten von Menschen er sich hingezogen fühlt.
Lesen Sie weiter, um herauszufinden, was zu tun ist, wenn
Sie gerade festgestellt haben, dass Sie einen Narzissten in
Ihrem Leben haben!

Kapitel zwei – Immer einen Schritt voraus sein

Narzissten sind sehr geschickt im Manipulieren, sodass es nur allzu leicht ist, die frühen Warnzeichen zu übersehen, dass Sie sich in einer gefährlichen Situation mit jemandem befinden, der völlig normal und charmant erscheint.

Womit Sie sich jedoch wappnen können, sind einige Anzeichen, auf die Sie achten können, wenn Sie gerade jemanden kennengelernt haben und sich fragen, ob es „alles nur Einbildung" ist oder nicht. Narzissten sind nicht ganz so schlau, wie sie denken, und Sie werden bald lernen, einige Merkmale und Signale zu erkennen, die alle Narzissten gemeinsam haben.

In diesem Kapitel sehen wir uns auch einige der Taktiken an, die Narzissten verwenden, um Sie zu manipulieren, und einige der üblichen Phrasen, die Sie wahrscheinlich von diesem Persönlichkeitstyp hören werden.

Zum Schluss werden wir uns mit narzisstischer Wut und ihren Auslösern befassen. Dieser Abschnitt ist sehr wichtig, da narzisstische Wut einen großen Schock auslösen kann, wenn Sie sie noch nicht erlebt haben. Sie werden sich fragen, was Sie falsch gemacht haben und wie Sie es wieder in Ordnung bringen können.

Elf Anzeichen dafür, dass Sie in einer Beziehung mit einem Narzissten sind

1 Er wirkt am Anfang absolut liebenswert

Sie wissen, was man über etwas oder jemanden sagt, das zu schön scheint, um wahr zu sein: dann ist es auch nicht wahr. Wenn jemand so nett und angenehm ist und sich über alles freut, was Sie sagen und tun, sollten Sie ein wenig … misstrauisch werden. Niemand ist so nett, oder? Wann wird sich das ins Gegenteil verkehren?

Vertrauen Sie Ihren Instinkten. Dies kann nicht genug betont werden. Es kann sein, dass Sie dem **„Love Bombing"** zum Opfer fallen, was genau das ist, wonach es sich anhört – in Liebe und Bewunderung absolut erstickt zu werden.

Achten Sie nicht nur darauf, was jemand sagt oder tut. Schauen Sie in seine Augen – passt ihr Ausdruck zu seinen Worten? Narzissten können unglaublich süß und charmant sein, aber sie können ihre kalten Augen nicht verbergen. Wenn Sie also das Gefühl haben, dass die Worte und der Gesichtsausdruck von jemandem nicht ganz zusammenpassen, vertrauen Sie sich selbst.

Narzissten wollen nicht die gleichen Dinge von einer Beziehung, die normale Menschen wollen. Während Sie oder ich vielleicht nach Gesellschaft, Konversation, Unterstützung und gemeinsamem Lachen suchen, ist ein Narzisst nur darauf fokussiert, was er von Ihnen bekommen kann – sei es Aufmerksamkeit, Ruhm, Zeit, Energie, Geld oder Status.

Der Narzisst neigt dazu, andere nur in Bezug auf das zu sehen, was sie für ihn tun können, nicht als jemanden, mit dem er eine Beziehung eingehen kann, in der sie sich gegenseitig unterstützen. Wenn also jemand entschlossen scheint, Sie für sich zu gewinnen und Sie mit Nachrichten und Zuneigungsbekundungen zu bombardieren, treten Sie einen Schritt zurück. Genießen Sie natürlich die Aufmerksamkeit, aber genießen Sie sie mit Vorsicht. Es bleibt abzuwarten.

2 Er ist unglaublich egoistisch

Dies ist eine Eigenschaft, die alle Narzissten teilen und die sich im Großen wie im Kleinen bemerkbar macht. Achten Sie darauf, wie es ist, mit ihm zusammen zu sein – sind Sie derjenige, der nur zuhört, oder hört er auch zu (und damit meine ich aktives Zuhören, eine genau Wiedergabe dessen, was Sie sagen, und dass er sich wirklich auf Sie als Person einzulassen scheint)?

Geben Sie am Ende mehr – mehr Geld, mehr Arbeit, mehr emotionale Energie? Fühlen Sie sich inspiriert und beflügelt oder einfach nur ausgelaugt, wenn Sie von ihm weggehen? Ein Narzisst mag charmant und witzig sein, aber er hat auch eine Art, den ganzen verfügbaren Sauerstoff in einem Raum zu verbrauchen und alles auf sich zu beziehen. Sie bemerken das vielleicht nicht sofort, besonders wenn Sie jemand sind, der gerne gibt, doch sobald Sie damit anfangen, werden Sie vielleicht ein ganzes Muster von egoistischen Verhaltensweisen erkennen.

Ein weiterer Punkt: Schauen Sie sich an, wie sich die Person verhält, wenn niemand in der Nähe ist. Vielleicht hat sie sich große Gesten zur Gewohnheit gemacht, wenn sie ein Publikum hat, aber wie behandelt sie Sie, wenn Sie ganz allein sind?

3 Er kümmert sich mehr um die äußere Erscheinung Ihrer Beziehung als um die Realität

Auch hier geht es um die Besessenheit des Narzissten von Äußerlichkeiten. Narzissten neigen dazu, sowohl geheimnisvoll als auch besessen von ihrer Außenwirkung zu sein. Er mag sich an diesem Morgen mit ihnen gestritten haben, aber er wird trotzdem ein verliebtes Foto von Ihnen beiden auf seinen Social-Media-Konten posten und anderen ein perfektes Bild Ihrer Beziehung präsentieren.

Für die meisten Menschen besteht das Leben aus Grautönen. Aber bei diesem Persönlichkeitstyp übertrifft das Bedürfnis, der Beste, der Beliebteste, Erfolgreichste und Attraktivste zu sein, das Bedürfnis nach jeglicher Art von Authentizität. Eines der Dinge, die Menschen in einer Beziehung mit einem Narzissten überraschen, ist, dass sie, wenn sie mit anderen darüber sprechen, wie schlecht die Beziehung läuft, oft mit Verwunderung konfrontiert werden.

„Aber sie spricht immer in so hohen Tönen von Ihnen!" ist eine häufige Reaktion. Das liegt daran, dass Narzissten anderen gegenüber den Eindruck erwecken wollen, dass sie mit jedem auskommen und eine wunderbare Intimität mit Ihnen teilen. Das bedeutet nicht nur, dass der Narzisst sein Bild von sich selbst als wunderbare, beliebte Person bewahren will, sondern auch, dass andere Ihnen nicht glauben, wenn Sie sagen, dass die Beziehung nicht so wunderbar ist, wie sie scheint. So fühlen Sie sich am Ende sowohl isoliert als auch verwirrt – bilden Sie sich die Dinge nur ein? (Die Antwort ist nein.)

4 Er ist kritisch gegenüber allem, was Sie tun

Ein Narzisst mag es, andere zu kontrollieren, um sich selbst sicherer zu fühlen, und er erreicht dies zum Beispiel, indem er alles kritisiert und bemängelt, was Sie tun. Das Ergebnis ist, dass Sie sich nervös fühlen, so als würden Sie auf rohen Eiern laufen, und sich zurückhalten, um weitere negative Kommentare zu vermeiden.

Seien Sie vorsichtig mit diesen kleinen Kommentaren über Ihre Kleidung, Ihre Haare, Ihre Berufswahl und alltägliche Entscheidungen – sie mögen für sich genommen harmlos erscheinen, aber sie können sich summieren und an Ihrem Selbstwertgefühl nagen, was den Narzissten viel mächtiger macht als Sie.

Wenn Sie sich in einer romantischen Partnerschaft befinden, schauen Sie sich an, wie jemand zu Beginn Ihrer Beziehung war – fand er alles, was Sie taten, wunderbar? Wenn sich das zu ändern beginnt, kann es passieren, dass Sie an sich selbst zweifeln. Was machen Sie falsch? Wie können Sie die Sache in Ordnung bringen, damit alles wieder so wird, wie es am Anfang war?

Stoppen Sie diese Gedanken! Das Problem sind nicht Sie.

5 Sie können nicht mit ihm streiten

Mit normalen Menschen ist Streiten vielleicht nicht angenehm, aber mit ein bisschen Geben und Nehmen kann
man sich entweder darauf einigen, anderer Meinung zu
sein oder zu anderen Themen überzugehen.

Nicht so bei einem Narzissten! Er ist einfach unfähig,
Kompromisse einzugehen oder zuzugeben, dass er im
Unrecht ist. Es ist sogar noch schwieriger, ihn dazu zu
bringen, einen Rückzieher zu machen, und er entschuldigt
sich nie und nimmer. Warum sollte er auch? Das würde
bedeuten, dass er zugibt, nicht perfekt zu sein, und für
den Narzissten ist es unmöglich, das auch nur in Betracht
zu ziehen.

6 Wenn Sie nicht einverstanden sind, sind Sie das Problem

Ein Teil der Unfähigkeit des Narzissten, jemals zuzugeben, dass er eine Grenze überschritten oder etwas falsch
gemacht hat (was er häufig tut), ist, dass Sie, wenn Sie ihm
widersprechen, nicht nur mit einer platten Weigerung von
ihm konfrontiert werden, seinen Fehler anzuerkennen.
Stattdessen werden Sie sich sogar im Unrecht wiederfinden und angegriffen werden. Hier ist ein Beispiel:

*Sie: Ich hatte, als wir heute Abend ausgegangen sind, wirklich das
Gefühl, dass du vor meinen Freunden ziemlich unhöflich zu mir
warst, und ich habe mich deswegen schlecht gefühlt.*

*Der Narzisst: Ich weiß nicht, wovon du redest. Das ist doch nicht
wahr. Warum bist du ständig so – so wütend und überempfindlich?*

Sehen Sie den Unterschied? Eine normale Person würde zuhören, über ihr Verhalten nachdenken und sich entschuldigen. Ein Narzisst wird nicht nur zurückweisen, was Sie sagen; er wird noch weiter gehen und behaupten, dass Sie derjenige mit emotionalen Problemen sind.

7 Er hat keine engen Freunde

Ein Narzisst mag viele Menschen um sich herum haben, die ihn bewundern, mit ihm auf sozialen Medien scherzen und seine zahlreichen Selfies auf Instagram liken. Aber hat er auch alte Schulfreunde? Menschen, die schon lange in seinem Leben sind? Oder ist das alles nur oberflächlich?

Narzissten neigen dazu, viele Brücken abzubrechen. Wenn Sie also jemanden treffen, der scheinbar überhaupt keine alten Freunde hat, sollten Sie darauf achten. Es kann sein, dass er jeden so schlecht behandelt, dass er nicht in der Lage ist, lange Beziehungen zu pflegen.

8 Alle seine Verflossenen sind verrückt

Als allgemeine Regel gilt: Wenn Sie das hören, laufen Sie weg. Oft wurde der Ex durch das Verhalten des Narzissten vielleicht ein bisschen verrückt, hat sich aber inzwischen erholt und ist darüber hinweggekommen. Wenn jemand davon besessen zu sein scheint, über seinen Ex und dessen Verrücktheit zu reden, ist das ein großes rotes Alarmsignal, und Sie sollten zuhören, damit Sie nicht der nächste Verrückte werden.

Hüten Sie sich auch vor der Person, die die ganze Schuld an einer gescheiterten Beziehung dem Ex gibt. Normalerweise scheitert eine Beziehung an gemeinsamen Problemen oder Differenzen. Es ist selten, dass eine Person ganz schlecht und die andere schuldlos ist. Wenn ein Ex auf diese Weise dargestellt wird, haben Sie es möglicherweise mit einem Narzissten zu tun.

9 Er ist plötzlich netter, wenn Sie sich zurückziehen

Narzissten sind emotionale Vampire. Sie kümmern sich nicht um Sie als Person, aber es ist ihnen sehr wichtig, Zugang zu Ihrer Zeit, Ihrem Geld, Ihrer Anwesenheit und Ihrer Energie zu haben.

Wenn jemand Sie schlecht behandelt oder plötzlich sein wahres Ich zeigt, ist es ganz natürlich, dass Sie sich zurückziehen. Die andere Partei bemerkt das vielleicht und entschuldigt sich, und Sie beide machen weiter. Ein Narzisst ist jedoch unfähig, sich zu entschuldigen und über sein Verhalten zu reflektieren.

Er wird Sie jedoch mit Freundlichkeit, besonderer Aufmerksamkeit und Charme zurücklocken. Sie werden tief im Inneren wissen, dass Sie ausgetrickst werden, aber Sie werden auch das vernünftigere Verhalten begrüßen, sich erleichtert fühlen und versuchen, den Vorfall hinter sich zu lassen. Und so beginnt der Kreislauf von Neuem.

10 Er wehrt sich heftig, wenn Sie ihn verlassen

Beziehungen enden, und manchmal ist es schwierig, sie in gutem Einvernehmen zu beenden. Aber wenn eine Beziehung ihren Lauf genommen hat, ist das machbar, besonders wenn beide Parteien sich bemühen, freundlich zu sein und normal weiterzuleben. Doch wenn Sie versuchen, von einem Narzissten wegzukommen, machen Sie sich auf eine Menge Widerstand gefasst.

Es kann sein, dass Sie mit Anrufen und Textnachrichten bombardiert werden und dass er sogar an Ihrer Tür auftaucht. Er wird auch Handlanger zu Ihnen schicken – Leute, die die Version der Ereignisse des Narzissten glauben und von ihm überzeugt werden, Sie anzurufen und Schuld- und Pflichtgefühle in Ihnen hervorzurufen, damit Sie dem Narzissten noch eine Chance geben. Selbst wenn er nicht mehr unbedingt mit Ihnen zusammen sein will, wird er Sie bei der Stange halten, weil er Sie nicht mit jemand anderem sehen will.

Manchmal beschließen Menschen, dass es tatsächlich simpler ist, um eines friedlichen Lebens willen einfach nachzugeben – vor allem, wenn andere Menschen in das Drama hineingezogen werden – und so beginnt der Kreislauf von vorn. Wenn Sie ihn erst einmal wieder in Ihr Leben gelassen haben, können Sie sich sicher sein, dass der Kreislauf aus Gleichgültigkeit und Gemeinheit von Neuem beginnt. Bald werden Sie wahrscheinlich dafür bestraft werden, dass Sie überhaupt versucht haben, sich davon zu befreien.

11 Sie fühlen sich schlecht, wenn Sie in seiner Nähe sind

Sie werden vielleicht seine genauen Worte vergessen, aber Sie werden nie vergessen, wie Sie sich durch den Narzissten gefühlt haben. Wenn jemand Ihnen das Gefühl gibt, erschöpft, ausgelaugt, reizbar, deprimiert oder unsicher zu sein, sollten Sie dem Beachtung schenken. Dies sind niemals gute Zeichen in einer Beziehung.

Ein echter Narzisst kann Ihnen auch Angst einjagen – in seiner Körpersprache und in der Energie, die er ausstrahlt. Während seine Worte vielleicht eine Sache vermitteln, können seine körperliche Präsenz und seine Augen etwas ganz anderes aussagen.

Es lohnt sich immer, in solchen Situationen auf Ihr Bauchgefühl zu hören und sowohl Ihre körperlichen Reaktionen als auch Ihre rationellen Gedanken zu beachten – sie sind gleichermaßen wichtig, und oft liegt Ihr Bauchgefühl genau richtig.

Wenn Sie bemerken, dass Sie sich in der Nähe von jemandem ängstlich oder nervös fühlen, ist er vielleicht kein Narzisst, aber Sie müssen diese Gefühle trotzdem anerkennen und angemessene Grenzen setzen, oder sich sogar würdevoll zurückziehen. Es muss nicht gleich zum großen Showdown kommen – manchmal reicht es schon, in der Beziehung etwas zurückzurudern, um sich selbst zu schützen.

Gefährliche Manipulationstaktiken von Narzissten

Narzissten verfügen über eine Reihe von Taktiken, die sie regelmäßig anwenden, um Sie in ihre Welt zu locken und dort festzuhalten. Was diese Situationen von normalen Beziehungen unterscheidet, ist, dass sie immer etwas Kontrollierendes an sich haben.

Narzissmus in Beziehungen

Während es in einer typischen Beziehung ein Geben und Nehmen und einen allmählichen Aufbau von Intimität und Vertrauen gibt, entfaltet sich das alles mit einem Narzissten auf eine Art und Weise, die Sie emotional verletzlich, geschwächt und wirklich benachteiligt zurücklässt. Achten Sie in Ihrer Beziehung auf derartige Taktiken und schauen Sie, ob Ihnen etwas davon bekannt vorkommt – wenn ja, dann sollten Sie sich aus dieser Situation befreien.

1 Zwischenzeitliche Bestärkung

Das ist, wenn jemand Sie nett behandelt, aber nur *manchmal.* Sie könnten alle Arten von schäbigem Verhalten ertragen – zu spät kommen, wenig Interesse an Ihrem Leben zeigen, gehässige Bemerkungen und Mobbing – und dann, hin und wieder, sind Sie überwältigt davon, wie freundlich, liebevoll und verständnisvoll derjenige sein kann.

Dies wirkt sich spürbar auf Ihren mentalen Zustand aus. Sie werden sich von ihm, seinen Kommentaren und seinem Verhalten auf zunächst kaum merkliche Weise untergraben fühlen. Sie werden anfangen, jeden Ihrer Schritte zu hinterfragen und wie auf rohen Eiern um die Person herumlaufen, um weitere Kritik zu vermeiden. Vielleicht denken Sie sogar ständig darüber nach, wie Sie es ihm oder ihr recht machen können.

Nach einer Weile haben Sie aber vielleicht plötzlich das Gefühl, genug zu haben. Nichts, was Sie tun, scheint dem anderen recht zu sein. Sie verbringen Zeit mit anderen Menschen und stellen fest, wie merkwürdig sein Verhalten im Vergleich ist. Sie beginnen sich zu fragen, ob es vielleicht besser wäre, etwas Abstand zu schaffen.

Bingo! An diesem Punkt setzt die **zwischenzeitliche Bestärkung** ein. Sie werden plötzlich davon überwältigt sein, wie verständnisvoll, aufgeschlossen und unglaublich nett er ist. Gerade wenn Sie anfangen, sich zu entspannen und denken, *wow, er ist wirklich wunderbar*, wird das schlechte Verhalten wieder anfangen. Das ist ein sehr cleveres Mittel, denn Menschen sind von Natur aus so gebaut, dass sie immer wieder zurückkommen, wenn jemand sie in der Schwebe lässt.

Zuckerbrot und Peitsche funktioniert leider bei vielen von uns. Ein anderes Wort für diese Taktik ist **Hoovering** – sobald der Narzisst weiß, dass er zu weit gegangen ist, wird er versuchen, Sie mit unerwarteter Freundlichkeit und Schmeicheleien wieder unter seine Fuchtel zu bringen.

Aber das ist keine Art zu leben und fordert einen enormen emotionalen Tribut. Wenn jemand nett zu Ihnen ist, aber nur *manchmal*, nehmen Sie das zur Kenntnis. Das ist kein gesundes oder normales Verhalten, und Sie haben so viel mehr verdient. In echten Beziehungen behandeln sich die Menschen gegenseitig gut. Wenn sie es aus irgendeinem Grund nicht tun, geben sie es zu und entschuldigen sich. Wenn Sie feststellen, dass Sie von Menschen, die Ihnen nahestehen, schlecht behandelt werden, gibt es ein großes Problem.

2 Gaslighting

Der Begriff *Gaslighting* stammt aus dem Film „*Gaslight*" von 1944. Darin manipuliert der missbrauchende Ehemann seine Frau geschickt in dem Glauben, sie würde verrückt werden, indem er ihre Umgebung auf alle möglichen subtilen Arten verändert. In ihrem Haus wird das Gaslicht ohne ersichtlichen Grund gedimmt, Dinge verschwinden, Bilder verschwinden von den Wänden. Sie weiß nie genau, ob sich die Dinge um sie herum verändern oder ob sie sich das alles nur einbildet. Narzissten betreiben regelmäßig auf alle möglichen Arten **Gaslighting** an ihren Mitmenschen.

Gaslighter bringen Sie dazu, an Ihrer eigenen Zurechnungsfähigkeit zu zweifeln und sorgen dafür, dass Sie verunsichert bleiben, indem sie eklatante Lügen erzählen, die sie dann leugnen und die Sache so drehen, dass Sie als der Verrückte dastehen. Einige Beispiele für Gaslighting in einer modernen Beziehung könnten sein:

Beispiel eins:

Ihr Gaslighter erzählt Ihnen irgendeine unangenehme Tatsache über Sie – zum Beispiel, dass Sie ihn einmal geohrfeigt haben – und wenn Sie sagen, *nein, das habe ich nie getan*, sagt er – *doch, das hast du getan!*

Sie fragen sich, ob Sie es einfach vergessen haben oder ob Sie ihn wirklich geohrfeigt haben. Sie wissen, dass es nicht in Ihrer Natur liegt, jemanden zu schlagen – und doch scheint er sich so sicher zu sein, dass es stimmt. Wer hat recht?

Beispiel zwei:

Ihr Gaslighter sagt, er werde Sie am Wochenende zum Mittagessen ausführen. Wenn Sie ihn darauf ansprechen, um einen Termin zu vereinbaren, sagt er: *„Nein, dem habe ich nie zugestimmt. Ich bin das ganze Wochenende beschäftigt."*

Sie wollen ihn nicht drängen, weil Sie wissen, wie sehr er sich aufregen kann, wenn er herausgefordert wird, aber gleichzeitig haben Sie sich auch darauf gefreut. Und wenn er es angeboten hat, dann muss er sich doch auch daran erinnern. Letztendlich ist es einfacher, es einfach sein zu lassen, aber es lässt Sie mit einem seltsamen Gefühl der Misshandlung zurück.

Beispiel drei:

Gaslighting kann sich auch um Grenzen drehen. Sagen wir, Ihr Freund fragt, ob er eine Woche bei Ihnen bleiben kann. Wenn er nach zwei Wochen keine Anzeichen zeigt, zu gehen, und Sie ihn zu einem definitiven Enddatum drängen, wird er wütend darüber, wie unvernünftig und unfreundlich Sie sind.

Sie fragen sich, ob Sie unvernünftig sind. Immerhin sagte er, er würde nur für eine Woche kommen, und jetzt sind es schon zwei. Das ist doch sicher eine vernünftige Forderung? Aber er scheint so wütend zu sein, also sind Sie vielleicht wirklich unhöflich? Vielleicht sind Sie so egoistisch, wie er behauptet? Nein, das sind Sie nicht. Das ist Gaslighting.

Es ist wichtig, hier anzumerken, dass Menschen vergessen können, was sie gesagt haben, oder aus anderen völlig harmlosen Gründen vage Angaben machen können. Aber geben Sie acht, wenn Sie anfangen, ein Muster zu bemerken – wenn sich das, was gesagt wird, ständig zu ändern scheint, Sie sich nicht daran erinnern, bestimmte Dinge gesagt oder getan zu haben, die Ihnen vorgeworfen werden, oder Sie das Gefühl haben, irgendwie manipuliert zu werden.

Gaslighting ist unglaublich schwer zu erkennen, weil es das Werk von Menschen ist, die Sie absichtlich täuschen wollen, und nicht das von fairen und vernünftigen Menschen. Sich davonzumachen ist das Beste, was Sie tun können, wenn Sie Gaslighting bemerken – Sie werden niemals mit jemandem gewinnen, der sich weigert, fair zu spielen.

3 Projektion

Alles, was einem Narzissten an sich selbst nicht gefällt, wird er auf Sie und andere projizieren. Während Narzissten also zu den egoistischsten Menschen gehören, die Sie jemals treffen werden, sind sie auch die ersten, die andere beschuldigen, egoistisch zu sein. Das können Menschen in ihrem Umfeld sein, aber auch Politiker oder Personen des öffentlichen Lebens.

Eine Narzisstin mag zum Beispiel häufig Bemerkungen darüber machen, dass „alle Männer ein bisschen dumm sind", ist aber selbst die Erste, die „Sexismus!" schreit, wenn ein Mann sie nicht mit Bewunderung und ungeteilter Aufmerksamkeit überschüttet.

Narzissten werden Sie auch beschuldigen, ein Lügner zu sein, wenn Sie sie auf ihre eigenen Lügen ansprechen. Sie werden niemals ein Eingeständnis der Schuld zu hören bekommen. Alles, was Sie hören werden, ist eine schlichte Verleugnung, gefolgt von der Behauptung, dass Sie den anderen mit *Ihren* Lügen unfair angreifen.

41

Sigmund Ambrosius

Narzissten sind unfähig, über ihr Verhalten zu reflektieren und zuzugeben, dass sie im Unrecht sind. Es ist viel einfacher, die Schuld und Scham auf Sie abzuwälzen und sich selbst als die benachteiligte Partei zu sehen.

4 Unsinnige Unterhaltungen

Bei den meisten Menschen würden Sie, wenn Sie ein Problem haben, das Sie mit ihnen besprechen möchten – vielleicht darüber, wie Sie von der Person behandelt worden sind oder über Ihre Beziehung – erwarten, dass sie zuhören, nachdenken und angemessen reagieren. Nicht so beim Narzissten! (Erkennen Sie schon ein Muster?)

Eine ihrer ärgerlichsten Taktiken ist es, Sie mit einem **irren Redeschwall** zu überfluten, wenn Sie versuchen, mit ihnen ein Gespräch über einen Aspekt ihres Verhaltens zu führen, den Sie problematisch finden. Bereiten Sie sich darauf vor, mit bizarren Beobachtungen, unzusammenhängenden Anekdoten und seltsam formulierten Sätzen bombardiert zu werden, die nicht viel Sinn ergeben. Sie werden sich fragen: „Was ist da gerade passiert?", wenn Sie das Gespräch verlassen, während der Narzisst fröhlich seines Weges geht, wohl wissend, was er getan hat.

Wenn Sie ihn damit konfrontieren, werden Sie mit einem platten Dementi konfrontiert. Und höchstwahrscheinlich mit einem weiteren zusammenhangslosen Redeschwall. Es hat also wirklich keinen Sinn, sich auf irgendeine Art von Auseinandersetzung mit einem Narzissten einzulassen. Es ist, als würde man versuchen, mit einem Kleinkind zu streiten – man kommt nicht weiter.

Eine weitere Sache, die hier zu beachten ist: Narzissten genießen Konfrontation und Streit. Es spornt sie an, zu gewinnen und Sie mit dem Gefühl zurückzulassen, der Bösewicht zu sein. Das Beste ist also, einen Streit mit ihnen gänzlich zu vermeiden – und weiter unten werden wir einige Taktiken lernen, um genau das zu erreichen.

5 Vage oder offenkundige Drohungen

Narzissten neigen dazu, besitzergreifend und eifersüchtig zu sein, aber sie werden nicht immer zugeben, dass sie sich so fühlen. Stattdessen wird sich bei Ihnen ein vages Gefühl des Unbehagens einstellen, wenn Sie etwas tun, das der Narzisst nicht gutheißt – er wird schmollen, einen wütenden Ton anschlagen oder einen Wutanfall bekommen, der von Drohungen begleitet wird.

Dinge, bei denen Sie erwarten würden, dass Ihre Freunde sich für Sie freuen – ein neuer Job, eine aufregende persönliche Neuigkeit – werden dazu führen, dass sich Narzissten unzulänglich und im Stich gelassen fühlen. Sie mögen den Erfolg anderer nicht, da er die Aufmerksamkeit von ihnen ablenkt, also werden sie alle möglichen Wege finden, Ihre Träume zum Platzen zu bringen.

Wenn Sie das Gefühl haben, dass Sie in der Nähe von jemandem wie auf rohen Eiern laufen müssen, weil Sie Angst vor seinem Zorn haben, sollten Sie das zur Kenntnis nehmen. Genauso, wenn Sie aufhören, Dinge zu tun, die Ihnen normalerweise Spaß machen, wie z. B. mit Ihren Freunden auszugehen, weil Sie Angst haben, in Schwierigkeiten zu geraten. Das ist kein normales oder faires Verhalten und es spiegelt den kindischen Wunsch des

Narzissten wider, dass Sie sich immer auf ihn konzentrieren und nicht auf andere Dinge oder Menschen, die Sie glücklich machen.

Ja, es ist eine Schande, dass er so schlecht reagiert, besonders wenn der Narzisst zum Beispiel ein Familienmitglied ist. Aber er wird sich nicht ändern, also ist es am besten, wenn Sie Ihre guten Nachrichten nur mit denen teilen, von denen Sie wissen, dass sie mit Ihnen feiern wollen. Ignorieren Sie Drohungen und schimpfen Sie, wenn jemand schmollt – das müssen Sie sich nicht gefallen lassen.

6 Hetze, Bloßstellung, Beleidigungen und Beschimpfungen

All diese Taktiken werden von Narzissten eingesetzt, oft auf subtile Weise, sodass Sie sich fragen, ob Sie überempfindlich sind oder sich die Dinge nur einbilden. Narzissten lieben es, zu **ködern**, d. h. etwas mit der Absicht zu sagen, Ihre Schwachstellen zu treffen oder Ärger zu provozieren. Sie schlucken den Köder, und plötzlich sind Sie schwierig und machen aus allem ein Drama.

Während die meisten Menschen, selbst wenn sie Ihre Schwachstellen kennen (und wir alle haben solche), darauf achten werden, sie nicht zu treffen, verhalten sich Narzissten völlig gegenteilig. Sie werden herausfinden, wobei Sie empfindlich reagieren, und mit Vergnügen alles daran setzen, dass Sie sich noch schlechter fühlen, nur um sich selbst mächtiger zu fühlen.

Beleidigungen und **Beschämungen** sind dieselbe Art von Taktiken – ein Narzisst wird geschickt Ihre Schwachstellen oder Dinge aufdecken, bei denen Sie sich selbst unwohl fühlen, und dieses Wissen dann nutzen, um Sie später zu beleidigen und zu beschämen. Oft geschieht dies in Form von Witzen, sodass Ihnen, wenn Sie es wagen, sich zu beschweren, gesagt wird, Sie hätten keinen Sinn für Humor, was die Verletzung noch verschlimmert.

Fünf Dinge, die jeder Narzisst gerne sagt

Narzissten haben sehr vorhersehbare Leitlinien, und weil ihre Taktiken so ähnlich sind, werden Sie oft die gleichen Aussagen von ihnen wieder und wieder hören.

1 „Das ist nicht passiert." und „Das bildest du dir nur ein."

Dies sind beides klassische Narzissten-Aussagen, die einen Großteil ihres Gaslighting untermauern, wie ich oben beschrieben habe. Wenn Sie etwas infrage stellen, was der Narzisst in der Vergangenheit gesagt oder getan hat, vielleicht im Lichte neuer Informationen und weil es dem widerspricht, was er jetzt sagt, wird er es einfach leugnen. Leugnung ist eine ihrer ersten Verteidigungsmaßnahmen, denn im Gegensatz zu normalen Menschen haben sie keine Skrupel, offen zu lügen, um ihre eigene Haut zu retten.

Wenn Sie zweifelsfrei beweisen können, dass der Narzisst etwas getan hat, wird seine letzte Verteidigung sein, zu behaupten, dass Sie es verdient haben, oft aus fadenscheinigen oder nicht zusammenhängenden Gründen (denken Sie an den **irren Redeschwall**).

2 „Du bist verrückt."

Da Narzissten nicht in der Lage sind, ihre gewöhnlichen Fehler und Schwächen zu akzeptieren, müssen Sie damit rechnen, dass man Ihnen sagt, Sie seien verrückt, wenn Sie es wagen, seine Version der Ereignisse infrage zu stellen. Er wird Ihnen das vielleicht nicht direkt sagen, aber er wird Sie vielleicht an die Zeit erinnern, in der Sie sehr niedergeschlagen waren, oder er bezieht sich allgemein auf Menschen, die verrückt sind, aber in einer Weise, die Sie vermuten lässt, dass er eigentlich Sie meint.

3 „Du bist überempfindlich."

Wenn ein Narzisst in dem, was er sagt oder wie er Sie behandelt, zu weit geht, erwarten Sie niemals, dass er sich entschuldigt. Er ist in seinen eigenen Augen nicht in der Lage, sich zu irren, also ist eine Entschuldigung unter seiner Würde.

Was Sie jedoch hören werden, ist, dass Sie übermäßig sensibel oder unvernünftig sind. Oder dass Sie schon immer ein bisschen zerbrechlich gewesen sind. Oder er wird eine andere Situation erwähnen, in der Sie emotionale Verletzlichkeit gezeigt haben, um Sie daran zu erinnern, dass Sie nicht so stark oder fähig sind wie sie (obwohl es natürlich nicht schwach ist, Verletzlichkeit zu zeigen, sondern ein normales menschliches Verhalten).

4 „Es war nur ein Scherz! Das war ein Scherz."

Sie sind nicht nur überempfindlich, sondern müssen sich auch darauf gefasst machen, dass Sie „keinen Sinn für Humor" haben oder „keinen Spaß verstehen", wenn Sie sich über eine der grausamen Sticheleien des Narzissten ärgern.

Natürlich könnten Sie sich revanchieren, indem Sie darauf hinweisen, dass das, was er gesagt hat, nicht wirklich lustig war, sondern nur fies, schikanös oder einfach unhöflich, aber wenn Sie das tun, machen Sie sich auf ein noch defensiveres Verhalten gefasst.

5 „Meiner Erfahrung nach ...“

Solche oder ähnliche Formulierungen wird der Narzisst benutzen – wenn Sie über etwas sprechen, das in Ihrem Leben passiert, vielleicht einen beruflichen Erfolg oder eine Anekdote, wird er immer in der Lage sein, dies zu toppen.

Wenn Sie ein Buch geschrieben haben, hat er einen Bestseller geschrieben. Wenn Sie ein Baby bekommen haben, hat er fünf bekommen. Das gilt nicht nur für Leistungen, sondern auch für dramatische Ereignisse. Wenn Ihnen die Handtasche gestohlen wurde, hat er sich einem Bankräuber entgegengestellt und jemandem das Leben gerettet. Denn der Narzisst kann es nicht ertragen, dass die Aufmerksamkeit von ihm abgelenkt wird – er will immer im Mittelpunkt stehen, er will besser sein, er will der Held in jeder Geschichte sein.

Vielleicht ist Ihnen das anfangs nicht bewusst, also reden Sie ein wenig über sich selbst, stellen ansonsten die richtigen Fragen und hören zu. Aber Sie werden bald lernen, über Ihre eigenen Leistungen zu schweigen, denn wenn Sie etwas sagen, werden Sie mit einem zehnminütigen

Monolog darüber in die Schranken gewiesen, dass er es besser gemacht hat als Sie. Es wird Ihnen leichter erscheinen, einfach zu schweigen und sich die Langeweile zu ersparen, als (wieder) seinen Prahlereien zuzuhören.

Fünf Auslöser für narzisstische Wut

Was ist also narzisstische Wut? Stellen Sie es sich wie die erwachsene, viel erschreckendere Version des Wutanfalls eines Kleinkindes vor. Während die meisten von uns von Zeit zu Zeit wütend werden, sind wir in der Regel in der Lage, uns selbst zu beruhigen und Schritte zu unternehmen, um mit unserer Wut umzugehen, ohne dabei andere zu verletzen oder unseren Beziehungen dauerhaften Schaden zuzufügen.

Die Wut eines Narzissten ist jedoch etwas ganz anderes. Diese Persönlichkeiten hassen es einfach, wenn man sie zurechtweist oder herausfordert. Mit seinen Unzulänglichkeiten konfrontiert oder getriggert zu werden, ist für niemanden angenehm, aber für Narzissten ist es unerträglich, und Sie werden mit solch brodelnder Wut konfrontiert, dass Sie sich vielleicht körperlich angegriffen fühlen. Im Idealfall, so die Vorstellung des Narzissten, werden Sie Ihre Lektion lernen und es nicht wieder tun.

Oder Sie werden mit eisigem Schweigen und einem stillen, passiv-aggressiven Groll empfangen. Was Sie nicht bekommen werden, ist eine klare Erklärung, was los ist, oder einen Ausweg.

Was also löst narzisstische Wut aus? Im Wesentlichen alles, was die Sicht des Narzissten auf sich selbst als perfektes, erfolgreiches und außerordentlich besonderes menschliches Wesen bedroht.

Hier sind einige todsichere Methoden, um herauszufinden, wie wütend ein Narzisst werden kann:

1 Sie konfrontieren ihn mit seinem Verhalten

Wenn Sie einen Narzissten auf sein Verhalten ansprechen, bereiten Sie sich darauf vor, zu leiden. Selbst wenn Sie Ihre Gefühle auf eine konstruktive und diplomatische Weise kundtun, haben Sie die unausgesprochene Regel gebrochen, dass der Narzisst niemals im Unrecht ist.

Seien Sie auf Leugnung, Wut, Projektion und Schuldzuweisungen vorbereitet, aber seien Sie sicher, dass Sie niemals irgendeine Form der Anerkennung bekommen werden, etwa, dass Sie nicht ganz unrecht haben und der Narzisst die Dinge beim nächsten Mal vielleicht anders machen könnte. Wenn an Ihrer Aussage wirklich etwas dran ist und er keine vernünftige Verteidigung für sein Verhalten hat, ist seine letzte Taktik, wie ein Häufchen Elend zusammenzubrechen und zu weinen, sodass Sie dastehen wie der Bösewicht (und sich auch so fühlen).

2 Sie ignorieren ihn

Wenn Sie erkennen, dass Sie in einer Beziehung mit einem Narzissten sind und sich um Ihrer eigenen psychischen Gesundheit willen dazu entschließen, sich zurückzuziehen oder etwas Abstand von ihm zu nehmen, bereiten Sie sich darauf vor, herausgefordert zu werden. Narzissten hassen es vor allem, ignoriert zu werden, und wenn Sie ihm einige vernünftige Grenzen setzen, rechnen Sie damit, dass diese mit Füßen getreten werden.

Oft handelt es sich dabei um jemanden, vielleicht ein Familienmitglied oder ein glanzloser romantischer Partner, der typischerweise wenig Interesse an Ihrem Leben zeigt, sich keine Mühe gibt, Ihnen nahe zu kommen und der unangenehme Kommentare oder Kritik an Ihren Lebensentscheidungen äußert.

Aber sollten Sie sich zurückziehen oder anfangen, ihn zu meiden, wird sich das ändern. Rechnen Sie damit, dass Sie dann mit Anrufen, E-Mails und sogar unangekündigten Besuchen bei Ihnen zu Hause bombardiert werden. Das liegt daran, dass Sie bei einem Narzissten nie das Sagen haben und ihn immer in den Mittelpunkt der Aufmerksamkeit stellen müssen.

Und während er es nicht genießt, im normalen Sinne unter Menschen zu sein, braucht er Sie dennoch, um sich **narzisstisch zu versorgen**, im Wesentlichen durch Ihre Aufmerksamkeit und Energie, wie wir bereits beschrieben haben. Sollten Sie versuchen, ihm das wegzunehmen, reagiert er wie ein Süchtiger, dem man das entzieht, wonach ihn verlangt. Irgendwann wird er aufgeben und sich jemand anderem zuwenden. Aber bevor das passiert, bereiten Sie sich auf einen Kampf vor!

3 Sie lachen über ihn

Eine Sache, die Narzissten über alles schätzen, ist ihr öffentliches Image als jemand, der etwas Besonderes, intelligent und von hohem Status ist. Während die meisten Menschen in der Lage sind, von Zeit zu Zeit selbstironisch zu sein oder über sich selbst zu lachen, ist dies für einen Narzissten unmöglich. Das liegt daran, dass es seine tiefe Scham und versteckte Unsicherheit darüber berührt, dass er in Wirklichkeit gewöhnlich, manchmal ängstlich und nicht wahnsinnig besonders oder talentiert ist. Wenn Sie über ihn lachen, dann bereiten Sie sich darauf vor, mit kalter Wut empfangen zu werden.

4 Sie erhalten keine Sonderbehandlung

Narzissten haben die Menschen um sich herum oft sehr geschickt darauf trainiert, sie so zu behandeln, als ob sie etwas Besonderes und Einzigartiges wären. Aber oft, wenn sie Fremden gegenübertreten, läuft es nicht ganz so, wie sie es gerne hätten. Sie verlangen vielleicht eine Sonderbehandlung vom Ladenpersonal oder sitzen in der ersten Klasse, obwohl sie nur ein Ticket für die dritte Klasse haben.

Wenn dies geschieht, wird der ahnungslose Fremde bald herausfinden, wie „besonders" der Narzisst ist, und sich am Ende als Empfänger von Beschimpfungen oder einfach nur mehr Forderungen nach Aufmerksamkeit wiederfinden – denn der Narzisst will nur, dass diese Person ihm Aufmerksamkeit schenkt. Er ist die Art von Mensch, der weitschweifige Beschwerden an Kundendienstabteilungen richtet, Unternehmen mit unfairen Bewertungen schlechtmacht und sich ausführlich über schlechten Kundenservice beschwert, anstatt mit den Schultern zu zucken und sein Geschäft woanders zu tätigen.

In persönlichen Beziehungen können Sie ebenfalls mit narzisstischer Wut rechnen, wenn Sie sich zurückziehen oder sich weigern, dem Narzissten besondere Aufmerksamkeit zu schenken.

5 Sie stehen im Mittelpunkt

Nehmen wir an, es ist Ihr Geburtstag und Sie wollen mit einem Essen oder einer Geburtstagstorte feiern. Während die meisten Menschen froh sind, wenn das Geburtstagskind einen Tag lang im Mittelpunkt steht, finden Narzissten dies unerträglich. Machen Sie sich auf zusätzliche Forderungen, Schmollen, einen unerklärlichen Wutanfall oder gehässige Kommentare gefasst – denn natürlich geht es nur um ihn.

Eine weitere seltsame und auffällige Eigenschaft von Narzissten ist, dass sie im Allgemeinen sehr schlechte Geschenkgeber sind. Loszuziehen, um etwas auszusuchen, das jemandem gefallen würde, es einzupacken und zu überreichen ist nichts, was Narzissten als lohnenswert erachten. Natürlich bedeutet dies allein noch nicht, dass jemand ein Narzisst ist, aber es ist eine häufige Eigenschaft, die es wert ist, erwähnt zu werden.

Welchen Effekt hat der Narzisst auf Sie?

Das ist eine interessante Frage, die man sich stellen sollte. Gewiss, Menschen können schwierig sein. Lohnt es sich, eine Ehe oder Liebesbeziehung zu zerstören oder den regelmäßigen Kontakt zu einem Elternteil abzubrechen, weil dieser ein Narzisst ist? Ist es nicht besser, um des lieben Friedens willen, sich einfach mit ihm abzufinden? Familienbande aufzulösen, Eltern zu verlassen, den Freund oder die Freundin zu verlassen – das sind alles große Entscheidungen mit lebensverändernden Konsequenzen.

Ist es besser, es einfach auszuhalten und den Mund zu halten?

Die Antwort ist nein. Der Narzisst wird Sie immer glauben lassen, dass Sie sich mit ihm abfinden sollten, dass er es nicht wirklich ernst gemeint hat, dass die Dinge in Zukunft anders sein werden. Aber das werden sie nicht.

Und jedes Mal, wenn Sie sich damit abfinden, jedes Mal, wenn Sie sich auf die Zunge beißen und versuchen, Gefühle der Verletzung und Enttäuschung um eines leichteren Lebens willen zu überwinden, tun Sie zwei Dinge:

Sie beeinträchtigen Ihre Zukunft: Ihr zukünftiges Glück, Ihre zukünftigen Ziele und Bestrebungen, Ihre Kinder und Enkelkinder. Jedes Mal, wenn Sie dem Narzissten erlauben, Sie mit bösen Worten und Beschimpfungen zu erniedrigen, lassen Sie zu, dass er oder sie Sie eines glücklicheren, friedlicheren und produktiveren Lebens beraubt.

Sie beeinträchtigen in diesem Moment auch Ihre eigene Gesundheit und Ihr Wohlbefinden. Natürlich wollen Sie nur, dass das Verhalten aufhört, dass die Dinge wieder normal werden. Der einfachste Weg, das zu erreichen, ist, den Narzissten gewinnen zu lassen. Aber entscheiden Sie sich für eine langfristigere Lösung. Sie können die Auswirkungen von dauerhaftem, unterschwelligem Stress und

Missbrauch auf Ihre psychische Gesundheit nicht sehen, aber seien Sie sich sicher, dass all dies Auswirkungen hat. Sie haben es in der Hand, die Dinge zu ändern. Und Sie haben etwas viel Besseres verdient.

Lesen Sie weiter, um herauszufinden, wie Sie die bessere Entscheidung für sich selbst treffen können.

Kapitel drei – Wenn es reicht

Wenn Sie also bis hierher gelesen haben, haben Sie vielleicht erkannt, dass Sie einen Narzissten in Ihrem Leben haben. Die Frage für Sie ist nun: Was werden Sie dagegen tun?

Vielleicht ist es nicht sinnvoll, die Beziehung zu ihm komplett abzubrechen – vielleicht arbeiten Sie mit ihm zusammen oder er ist ein Familienmitglied und die Konsequenzen wären zu groß, wenn Sie sich völlig von ihm abwenden würden – aber Sie müssen jetzt ein Machtwort sprechen. Sie müssen Ihren Umgang mit ihm ändern und sich auf Rückschläge vorbereiten. Sie brauchen ein paar Strategien, und Sie müssen genug an sich glauben, um diese durchzusetzen. Vor allem müssen Sie sich erholen, sich in Selbstfürsorge üben und sicherstellen, dass Sie feste Grenzen setzen, damit Sie in Zukunft vor Schaden geschützt sind.

Sie erfahren auch etwas über den Verbindungsvertrag und wie dieser Ihnen helfen kann, Ihre eigenen Bedürfnisse zu erfüllen. Vielleicht stellen Sie letztlich fest, dass dies der erste Schritt ist, um sich vollständig von einem Narzissten zu befreien.

Lesen Sie weiter, um herauszufinden, wie Sie mit einem Narzissten umgehen und sich schützen können, solange er noch in Ihrem Leben ist.

Sigmund Ambrosius

Fünf wichtige Methoden für den richtigen Umgang mit einem Narzissten

Bevor wir uns dem nächsten Thema widmen, lohnt es sich, die fünf wichtigsten Methoden zu lernen, die Sie im Umgang mit Narzissten anwenden können. Denken Sie daran, dass Sie es mit jemandem zu tun haben, der keine gewöhnliche Persönlichkeit hat. Er hält sich nicht an die normalen Regeln für menschliche Interaktion, also müssen Sie ihn ebenfalls anders behandeln. Am wichtigsten ist, dass Sie sich selbst vor Schaden schützen, wenn Sie sich von ihm trennen wollen. Und zwar wie folgt:

1 Bewahren Sie die Ruhe und lassen Sie sich nicht beirren

Wenn Sie zum Beispiel mit einem Narzissten zusammenarbeiten, haben Sie vielleicht das Gefühl, dass Sie der Einzige sind, der bemerkt hat, wie oberflächlich sein Charme wirklich ist. Es kann sogar verlockend sein, ihn zu konfrontieren oder ihn vor anderen zu outen.

Tun Sie es nicht. Warten Sie ab, halten Sie sich in seiner Nähe bedeckt, verraten Sie ihm keine Geheimnisse und bleiben Sie freundlich und ein wenig distanziert. Mit der Zeit wird die Maske des Narzissten verrutschen und er wird anderen sein wahres Ich offenbaren. An diesem Punkt können Sie aus sicherer Entfernung zuschauen. Aber Sie können diesen Prozess nicht erzwingen, ohne sich selbst in Gefahr zu bringen.

Wenn Sie versuchen, dies schneller geschehen zu lassen, laufen Sie Gefahr, seine narzisstische Wut anzustacheln, sodass er sich gegen Sie wendet, und das sollten Sie für Ihr eigenes Wohlbefinden um jeden Preis vermeiden.

Denken Sie daran: Narzissten spielen nicht fair und sie hassen es, mit ihren eigenen Unzulänglichkeiten konfrontiert zu werden. Es ist ein Spiel, das Sie nur gewinnen können, wenn Sie sich auf ihr Niveau herablassen – und wer will das schon – also weigern Sie sich einfach, mitzuspielen. Je länger der Narzisst nichts von Ihren Plänen erfährt, desto glatter wird Ihr Abgang sein. Bleiben Sie ruhig, erstellen Sie Ihren Fluchtplan und arbeiten Sie an Ihrem eigenen Wohlbefinden – auf Letzteres werden wir in zukünftigen Kapiteln eingehen.

2 Lösen Sie sich

Letztlich will ein Narzisst nur Aufmerksamkeit. Wie ein Kleinkind wird er, wenn er keine positive Aufmerksamkeit bekommt, bald dazu übergehen, sich schlecht zu benehmen. Wenn Sie sich jedoch konsequent weigern, sich auf seine Spielchen einzulassen, wird er einfach zu jemand anderem weiterziehen, der eher bereit ist, den Köder zu schlucken.

Wenn Sie einen Narzissten entdecken, gehen Sie die Dinge langsam an und wenn sich Ihr Verdacht bestätigt, präsentieren Sie sich so langweilig wie möglich, wenn Sie mit ihm sprechen. Dies ist eine gute Methode, um sich selbst zu schützen und hoffentlich auch den Narzissten loszuwerden.

In manchen Situationen möchten Sie vielleicht nicht langweilig sein. In Ihrem Berufsleben zum Beispiel möchten Sie vielleicht glänzen, und wenn Ihr Narzisst im gleichen Bereich tätig ist, müssen Sie vielleicht mit etwas Eifersucht umgehen. Konzentrieren Sie sich einfach darauf, Ihre eigene Arbeit so gut wie möglich zu machen, beißen Sie nie zurück und seien Sie immer höflich und professionell.

Fangen Sie in persönlichen Beziehungen mit Narzissten an, allmählich ein wenig zurückzutreten. Hören Sie auf, bei Streits den Köder zu schlucken, erwarten Sie nicht mehr, dass er sich ändert, belassen Sie die Gespräche bei Oberflächlichem.

3 Finden Sie Ihre Grenzen heraus und machen Sie sie deutlich

Dies ist etwas, was Sie vielleicht tun müssen, wenn Sie erkannt haben, dass Sie in einer Beziehung mit einem Narzissten sind. Diese Persönlichkeiten rütteln ständig auf alle möglichen Arten an Grenzen – sie nutzen Ihre Zeit und Ihre Energie aus und dringen in Ihre Privatsphäre und Ihr Privatleben ein. Sobald Sie dies jedoch erkennen, sind Sie in einer stärkeren Position, Grenzen um die Dinge zu ziehen, die Ihnen wichtig sind, und diese aufrechtzuerhalten.

Nehmen wir zum Beispiel an, ein Verwandter lässt ständig negative oder herabsetzende Kommentare über Ihre Karriere fallen. Wenn Sie das wissen, sollten Sie ein paar Sätze parat haben, wenn der nächste Kommentar kommt, z. B.: „Hmm. Ich bin wirklich zufrieden damit, wie meine Arbeit läuft. Es ist nicht immer ein gerader Weg, aber ich habe das Gefühl, dass ich Fortschritte mache." Tragen Sie diese Sätze leicht vor und ohne jegliche Aggressivität, und seien Sie sich bewusst, dass Sie gerade eine Entscheidung getroffen haben, für sich selbst einzustehen, die Ihre Position stärkt und die des Narzissten schwächt.

Und dann wechseln Sie das Thema oder lenken es wieder auf den anderen und fragen ihn, wie seine Arbeit läuft.

Oder vielleicht versucht der Narzisst, Sie in ein Gespräch darüber zu verwickeln, wie Ihr Leben läuft, und Sie spüren, dass er Sie aushorcht. Seien Sie sich dessen bewusst, dass Narzissten gerne Ihre Schwachstellen kennenlernen, um sie später anderen zu offenbaren oder Sie damit zu ködern.

Bleiben Sie auch in diesem Fall freundlich und neutral und geben Sie nichts preis, was Sie nicht wollen – denken Sie daran, nur weil jemand Ihnen eine persönliche Frage gestellt hat, heißt das nicht, dass Sie sie beantworten müssen. Manchmal genügt es, mit „Was meinen Sie?" oder „Warum fragen Sie?" zu antworten, um dem Herumstochern in Ihrem Privatleben ein Ende zu setzen.

4 Erwarten Sie kein faires oder vernünftiges Verhalten

Narzissten sind chronische Spielverderber. Aber sie neigen auch dazu, vorhersehbare Angriffsmethoden zu haben, und werden es immer wieder mit der gleichen Masche versuchen, wenn sie sehen, dass es Sie provoziert. Seien Sie unvorhersehbar in Ihrer Reaktion und arbeiten Sie an Ihren eigenen Strategien, wie zum Beispiel sich einfach zu verweigern.

Wenn der Narzisst eine böse Bemerkung macht, weigern Sie sich einfach, sie zu akzeptieren. Sagen Sie milde: „Nein. Das stimmt nicht."

Erwarten Sie niemals, fair oder freundlich behandelt zu werden, und halten Sie Ihre Deckung aufrecht, um zurückzuschlagen. Selbst eine lange Pause zu machen, gefolgt von der Frage „Was meinen Sie?", ist effektiv und gibt Ihnen in dem Moment Zeit, für sich selbst einzustehen.

Lassen Sie Ihr Gegenüber in dem unsicheren Gefühl zurück, nicht zu wissen, ob Sie ihm auf die Schliche gekommen sind oder nicht. Er wird niemals nach fairen Regeln spielen, also brauchen Sie nicht das Gefühl zu haben, völlig fair reagieren zu müssen – schlagen Sie ihn mit seinen eigenen Waffen, aber auf unschuldige Weise.

Eine weitere gute Taktik, wenn Sie vielleicht mit einem Narzissten arbeiten müssen oder ihn bei einem Familientreffen sehen, ist es, sich im Voraus vorzubereiten. Schlafen Sie sich aus, essen Sie gut, treiben Sie Sport und lernen Sie einige einfache Atemtechniken, die Ihnen helfen, im entsprechenden Moment ruhig und fröhlich zu bleiben. Narzissten neigen dazu, die Schwachen auszunutzen, also ist es eine gute Möglichkeit, sich stark und gesund zu halten, um sie abzuwehren. Wir werden uns das später noch genauer ansehen.

5 Akzeptieren Sie die Person

Das ist eine schwierige Angelegenheit, besonders wenn Sie sehr an Ihrem Narzissten hängen – wenn er vielleicht

Ihr Liebespartner, ein enger Freund oder ein Elternteil ist. Aber wenn Sie akzeptieren können, dass er ein Narzisst ist, dass er sich nicht ändern kann und dass Sie nie etwas anderes von ihm bekommen werden, wird Ihr Leben einfacher. Ein Teil dessen, was an diesem Persönlichkeitstyp so frustrierend ist, ist, dass er manchmal so nett sein kann. Sie wissen, dass er das Zeug dazu hat, also warum kann er nicht immer so sein?

Das spielt keine Rolle. Er kann es nicht. Oft haben Narzissten auch keinen Anreiz, sich zu ändern. Schließlich ist das Leben eines Narzissten oberflächlich betrachtet oft recht angenehm, vor allem, wenn ein paar dressierte Affen um ihn herumtanzen. Ja, sie haben ihre Dämonen, aber sie halten sie gut im Zaum, sodass sie meistens ziemlich zufrieden sind.

Zu akzeptieren, dass Ihr Narzisst sich nicht ändern wird, ist der erste Schritt, um in Ihrem eigenen Leben voranzukommen, frei von seinem negativen Einfluss. Sie werden ihn vielleicht nicht ganz abschütteln können, wenn es sich um ein Familienmitglied handelt, aber Sie werden feststellen, dass er sie viel weniger provoziert als zuvor.

Wenn Sie in einer romantischen Beziehung mit einem Narzissten sind, ist das Aufgeben Ihrer Erwartungen, dass er sich ändern wird, der erste Schritt, um sich selbst zu befreien und damit abzuschließen. Oder Sie akzeptieren ihn so, wie er ist, und finden andere Wege, um Ihre Bedürfnisse zu erfüllen. Sie haben schließlich etwas Besseres verdient.

Fünf Phrasen, um einen Narzissten sofort zu entwaffnen

1 „Ich stimme zu." oder „Du hast so recht."

Wenn Sie sich in einer Arbeitssituation oder bei einer Familienfeier befinden, ist es viel leichter, den Narzissten einfach hinzunehmen. Stimmen Sie allem zu, was er sagt, lächeln Sie süß und wirken Sie ein bisschen langweilig, damit er schnell zu jemand anderem weiterzieht, um mehr Drama zu veranstalten.

Einen Narzissten herauszufordern ist nie wirklich die Energie wert, da Sie sich am Ende angegriffen und erniedrigt fühlen werden, wenn Sie das tun. Er kann solches Verhalten nicht tolerieren, und wenn Sie es versuchen, werden Sie bald merken, wie schwierig es für ihn ist. Außerdem wird er versuchen, den Streit um jeden Preis zu gewinnen, und Sie werden sich am Ende angegriffen fühlen. Viel besser ist es, einfach zu lächeln und sich anderen Dingen zuzuwenden – zum Beispiel etwas zu tun, das Ihnen ein gutes Gefühl gibt.

2 „Was werden die Leute denken?"

Eine Sache, die dem Narzissten wichtiger ist als alles andere, ist sein Image. Wenn Sie wollen, dass er etwas für Sie tut oder sich einfach nur benimmt, sollten Sie ihn daran erinnern, dass er mit seinem Verhalten auffallen könnte.

Eine Möglichkeit, dies zu tun, ist, andere Menschen hinzuzuziehen. Sagen wir, Sie streiten sich mit ihm. Sagen Sie:

„Hören Sie, ich denke, ich werde mich mit Soundso darüber unterhalten und sehen, was er denkt" oder „Sollen wir Papa auch in den Raum holen, damit wir gemeinsam darüber reden können?" Der Narzisst wird seinen Ton schnell ändern, wenn er merkt, dass Sie bereit sind, andere auf sein Verhalten aufmerksam zu machen und es nicht zu verschweigen.

3 „Es tut mir leid, dass du dich so fühlst."

Dies ist eine gute Möglichkeit, einen Streit mit einem Narzissten zu entschärfen. Es lenkt die Gefühle des Narzissten auf ihn zurück und ist neutral genug, um ihn von weiteren Angriffen abzuhalten. Sie entschuldigen sich nicht oder nehmen die Schuld auf sich, aber Sie erkennen an, dass es für ihn schwer ist, so herausgefordert zu werden.

4 „Ich kann mit deiner fehlerhaften Wahrnehmung von mir leben"

Auch hier werden die Gefühle und Meinungen des Narzissten auf ihn zurückgeworfen. Nehmen wir an, Sie haben einem Narzissten eine klare Grenze gesetzt, mit der er nicht zufrieden ist. Jetzt greift er Sie an und sagt, dass Sie sich nicht so umständlich aufführen sollen und dass Sie ihm nachgeben sollten.

Anstatt zu sagen: „Nein, das werde ich nicht!" und in einen Verteidigungsmodus zu verfallen, können Sie ruhig sagen, dass Sie die fehlerhafte Meinung des anderen akzeptieren können. Dies bewirkt zwei Dinge: Es sagt ihm, dass er falschliegt, aber dass Sie sich nicht die

Mühe machen werden, ihn zu berichtigen. Stattdessen werden Sie akzeptieren, dass *er* falschliegt, und Ihrer Wege gehen. Damit hat er keinen Einfluss mehr auf Sie, weil Sie seine negative Einstellung Ihnen gegenüber nicht übernehmen.

Im Wesentlichen sagen Sie damit, dass Sie kein Interesse daran haben, seine Gedanken zu kontrollieren, auch wenn Sie nicht seiner Meinung sind oder ihn in irgendeiner Weise akzeptieren. Dies ist wirklich eine gesunde Einstellung, die man gegenüber jedem einnehmen sollte.

5 „Deine Wut liegt nicht in meiner Verantwortung."

Auch hier werfen Sie sein Verhalten wieder auf ihn zurück. Dies kann ihn absolut wütend machen – Narzissten neigen dazu, jede Form von Selbsthilfegesprächen zu hassen, sie betrachten das als New-Age-Quatsch. Wiederholen Sie diesen Satz einfach, wenn nötig mehrmals, und eisen Sie sich von ihm los, wenn Sie können. Er wird bald gelangweilt sein und weiterziehen.

Wie Sie sich vor einem Narzissten schützen können

Es ist nicht einfach, sich vor einem Narzissten zu schützen, aber es gibt ein paar Taktiken, die Sie ausprobieren können. Wenn Sie noch nicht bereit sind, eine Beziehung mit einem Narzissten zu verlassen, können Sie in Erwägung ziehen, einen **Verbindungsvertrag** mit ihm abzuschließen, um das zu bekommen, was Sie sich von der Beziehung wünschen.

Was ist ein Verbindungsvertrag?

Vereinfacht ausgedrückt, ist ein Verbindungsvertrag eine schriftliche Vereinbarung, in der Sie festlegen, wie Sie behandelt werden möchten. Sollte der Narzisst diesen Vertrag brechen, hat er nicht länger das Recht, eine Verbindung mit Ihnen zu genießen. Wenn Sie in einer Beziehung mit einem Narzissten sind, könnte die Abmachung etwa so lauten:

„Ich möchte mir keine Herabsetzungen anhören, angeschrien oder unfair kritisiert werden. Wenn du dazu nicht in der Lage bist, werde ich gehen."

Bei einem narzisstischen Elternteil, der Sie besuchen möchte, könnte es eher so aussehen:

„Du kannst drei Nächte in meinem Haus bleiben, aber während du hier bist, sollst du dich auf positive Art mit meinen Kindern beschäftigen und weder mich noch irgendjemand anderen, der hier wohnt, anschreien oder anpöbeln. Ich will dir auch kein Geld geben – du musst dich selbst um deine Finanzen kümmern und immer für deine eigenen Ausgaben aufkommen. Wenn du diesen Bedingungen nicht zustimmen kannst, musst du in ein Hotel gehen, und wir können uns auf einen Kaffee treffen."

Im Wesentlichen schafft ein Verbindungsvertrag eine Reihe von kristallklaren und neutralen Richtlinien darüber, was toleriert wird und was nicht. Wenn der Narzisst dagegen verstößt, brauchen Sie nicht wütend zu werden oder zu diskutieren, Sie weisen einfach darauf hin, dass er den Vertrag gebrochen hat und deshalb in Ihrer Gegenwart nicht mehr willkommen ist.

Ja, es ist hart und schonungslos, aber es nimmt Ihnen den Druck, sich ständig zu fragen, was akzeptabel ist und was nicht. Mit einem Verbindungsvertrag weiß jeder, was die Regeln sind, und wenn der Narzisst sie bricht (und die Chancen stehen gut, dass er das tun wird), können Sie auf den Vertrag verweisen und dabei die Ruhe bewahren.

Wann ist es sinnvoll, einen Verbindungsvertrag zu verwenden?

Ein Verbindungsvertrag kann sich als nützlich erweisen, wenn Sie bereits mehrere Zusammenstöße und Konfrontationen mit einem Narzissten hatten und er weiß, dass Sie mit seinem Verhalten nicht zufrieden sind, er aber nicht bereit ist, sich zu ändern oder zuzugeben, dass er etwas falsch gemacht hat.

Im Wesentlichen vermeidet der Vertrag weitere Diskussionen und legt dar, was Sie als nicht akzeptabel ansehen. Es kann sein, dass der Narzisst ihn lesen wird und wieder mit Ihnen diskutieren will. In diesem Fall können Sie einfach sagen, dass Sie nicht weiter streiten wollen, sondern sich nur an das halten wollen, was schriftlich festgelegt wurde.

Es ist ein letzter Versuch, den Narzissten dazu zu bringen, sich zu benehmen, und obwohl er vielleicht nicht von Erfolg gekrönt sein wird, zeigt er zumindest, dass Sie es ernst meinen.

Kapitel vier – Sich abnabeln

Warum es so schwer ist, mit einem Narzissten Schluss zu machen

Nehmen wir an, Sie haben bis hierher gelesen und erkannt, dass Sie in einer Beziehung sind, die für Ihr eigenes Wohlbefinden schadhaft ist, und dass Sie aussteigen müssen. Dies kann jemanden betreffen, mit dem Sie in einer romantischen Beziehung waren, oder es kann ein Familienmitglied oder ein enger Freund sein, von dem Sie sich trennen müssen. In welcher Situation auch immer Sie sich befinden, Sie müssen einige bewährte Strategien befolgen, um sich selbst zu schützen, während Sie diesen Prozess durchlaufen.

Eine Sache, die Sie bedenken müssen, wenn Sie Pläne schmieden, ist, dass man mit einem Narzissten **nicht so Schluss machen kann wie mit den meisten Menschen**. Narzissten mögen es nicht, und sie werden es Ihnen extrem schwer machen.

Wenn Sie sich in einen Narzissten verliebt haben, sind Sie in etwas verstrickt, das Psychologen als Traumabindung bezeichnen. Als Menschen sind wir darauf programmiert, uns anderen nahe zu fühlen. Die narzisstische Taktik des „Love Bombings" zu Beginn einer Beziehung oder wenn wir anfangen, uns zurückzuziehen, wird also dazu führen, dass Sie sich ihm näher fühlen.

Aber irgendwann wird sich ein Narzisst langsam, aber sicher gegen Sie wenden. Sie werden sich verwirrt und unsicher fühlen, weil Sie nie ganz wissen, wo Sie stehen. Diese Unsicherheit macht Sie weniger selbstbewusst und leichter manipulierbar – alles Taktiken, die der Narzisst ohne Skrupel einsetzen wird, um in der Beziehung die Oberhand zu gewinnen. Sie werden sich verwirrt fühlen, weil Sie sich in einem seiner netteren Momente an ihn gebunden hatten und nun eine andere Seite an ihm sehen.

Sie wissen vielleicht, dass die Beziehung schlecht für Sie ist und dass diese Person Sie unglücklich oder ängstlich macht, aber irgendwie haben Sie den Mut verloren, für sich selbst zu sorgen und zu gehen. Sie zweifeln auch an sich selbst – schließlich schienen Sie ihn anfangs so glücklich zu machen? Sicherlich müssen Sie irgendetwas falsch gemacht haben, da sich die Dinge so verändert haben, und wenn Sie nur herausfinden könnten, was es war, würde alles wieder so werden wie zuvor? Und hin und wieder benimmt sich der andere ja ganz reizend, sodass Sie bei ihm bleiben.

Narzissten sind auch sehr geschickt darin, ihre Opfer zu isolieren, sodass Sie vielleicht das Gefühl haben, niemanden zu haben, an den Sie sich wenden können. Doch das ist nicht wahr. Die Chancen stehen gut, dass es alte Freunde oder Familienmitglieder gibt, die Sie unterstützen werden, wenn Sie ihnen die Wahrheit über Ihre Beziehung zu dieser Person sagen. Sie wissen vielleicht schon von den Problemen und warten darauf, dass Sie sie ansprechen. Tatsache ist, dass Beziehungen nicht so schwer sein sollten.

Wie sind Sie also in diesen Zustand geraten? Nun, Sie sind ein Mensch. Das kommt vor. Einige von uns sind für den Charme des Narzissten anfälliger als andere, und das ist etwas, worüber Sie in Zukunft vielleict nachdenken sollten – wir werden uns am Ende des Buches Warnsignale für zukünftige Beziehungen ansehen. Aber im Wesentlichen sind Narzissten sehr geschickt in dem, was sie tun, und darin, eine Traumabindung zu schaffen.

Traumabindung geschieht auf unterschiedliche Arten, je nachdem, ob es sich um eine langfristige Beziehung – wie zu einem Elternteil – oder um einen neuen, romantischen Partner handelt.

Bei Langzeitbeziehungen ist es eher ein ständiger Kreislauf zwischen liebevollem Verhalten und Missbrauch, der sich über Jahre hinziehen kann und in der Kindheit verankert ist.

Bei romantischen Beziehungen ist es oft so, dass die Dinge gut anfangen und sich dann verschlechtern. Entweder steigen Sie beim ersten Anzeichen von Ärger aus, oder Sie geraten in einen missbräuchlichen Kreislauf, der sich über Jahre hinziehen kann – wenn Sie dies zulassen.

Die sieben Stufen der Trauma-Bindung

1 Love Bombing

Sie sind perfekt und können nichts falsch machen, und er überzeugt Sie mit seinem Charme und seinen Aufmerksamkeiten. Er ist schmeichelhaft, freundlich, anhänglich und scheint völlig in Sie verliebt zu sein. Da Sie ein Mensch sind, genießen Sie

69

das selbstverständlich. Aber natürlich wird dieses Gefühl bei einem Narzissten nie von Dauer sein.

2 Vertrauen

Sie glauben alles, was er sagt, und beginnen, ihm zu vertrauen und an ihn zu glauben. Obwohl ein kleiner Teil von Ihnen weiß, dass alles ein bisschen zu schön ist, um wahr zu sein, wickelt er Sie auch mit kleinen Gesten der Freundlichkeit und Intimität ein, durch die Sie ihm glauben und vertrauen. Sie haben einfach noch nie jemanden getroffen, der so wunderbar ist, und ihm scheint es genauso zu gehen!

3 Die Kritik beginnt

Das Love Bombing lässt langsam oder manchmal auch sehr abrupt nach, und die Spitzfindigkeiten und Kritik beginnen, überhandzunehmen. Plötzlich sind Sie nicht mehr ganz so perfekt. In diese Phase stellt er zunehmend Anforderungen an Ihre Zeit und Energie, und sie kann von Konflikten und einem Gefühl der Verzweiflung oder Verwirrung begleitet sein, da Sie sich fragen, was sich verändert hat und wie Sie den Boden unter den Füßen wieder zurückbekommen.

4 Gaslighting

Dieser neue Stand der Dinge ist Ihre Schuld. Wenn Sie die Dinge nur anders machen würden, oder nicht so verrückt oder irrational reagieren würden, wäre alles in Ordnung. Sie beginnen an sich selbst zu zweifeln, auch weil er so überzeugend wirkt. Er hat nichts falsch gemacht. Das bilden Sie sich alles nur ein.

5 Kontrolle

Sie machen alles mit, was er verlangt, weil Sie anfangen, zu glauben, dass Sie im Unrecht sind und dies der einzige Weg ist, um sich bei ihm wieder lieb Kind zu machen.

6 Resignation und zunehmende Verzweiflung:

Die Dinge scheinen immer schlimmer zu werden. Wenn Sie versuchen, sich zu wehren, werden Sie noch mehr beschimpft. Sie fühlen sich einsam, traurig und isoliert.

7 Sie sind süchtig

Sie wissen, dass diese Person schlecht für Sie ist, aber irgendwie gehen Sie immer wieder zu ihr zurück, und alles, was Sie wollen, ist, ihre Anerkennung zurückzugewinnen und ihre freundliche Seite zu sehen. Handelt es sich um einen Elternteil, liegt dieses Verhalten daran, dass wir von Natur aus so programmiert sind, dass wir unsere Eltern lieben, egal wie unzulänglich sie für diese Aufgabe sind.

Bei romantischen Beziehungen liegt es oft daran, dass wir eine Vorstellung von der Beziehung und ihrer Zukunft im Kopf haben, und wir wissen, dass es schmerzhaft und ein einsamer Weg sein wird, sie aufzugeben und erneut auf die Suche zu gehen. Es ist viel einfacher, durchzuhalten und zu hoffen, dass sich die Dinge ändern. Sie sind zudem geschwächt von dem ständigen, unterschwelligen Missbrauch und fühlen sich nicht stark genug, um auszusteigen.

Sigmund Ambrosius

Wie man mit einem Narzissten endgültig Schluss macht

Mit einem Narzissten Schluss zu machen, ist kein einfacher Prozess, aber es lohnt sich. Vor allem, weil die Beziehung Ihnen nie das geben wird, was Sie brauchen, trotz gelegentlicher guter Tage. Sie sind auf der Suche nach etwas, das einfach nicht da ist. Wenn Sie diese Person hinter sich lassen, werden Sie in Ihrem Leben Platz schaffen und Energie freisetzen für bessere Dinge, gesündere Beziehungen und mehr Glück. Es ist Ihnen erlaubt, das zu tun – ich gebe Ihnen sogar sofort die Erlaubnis dazu! Aber wie stellen Sie das an? Lesen Sie weiter, um es herauszufinden.

1   **Bereiten Sie sich vor**

Besorgen Sie sich so viele Informationen über Narzissten, wie Sie können. Arbeiten Sie dieses Buch und andere Quellen durch und seien Sie sich sicher, dass Sie das Richtige für Ihr eigenes Wohlbefinden tun.

2   **Distanzieren Sie sich allmählich**

Seien Sie ein bisschen weniger verfügbar und ein bisschen langweiliger. Lassen Sie die andere Person sogar denken, dass sie sich von Ihnen gelangweilt fühlt, und versuchen Sie, sich langsam zurückzuziehen, anstatt sie merken zu lassen, was Sie tun, denn dies kann narzisstische Wut hervorrufen.

3   **Verbinden Sie sich wieder mit anderen.**

Dies ist eine gute Möglichkeit, den Einfluss des Narzissten auf Sie zu unterbinden. Finden Sie

Wege, um andere wieder in Ihr Leben zu lassen, egal wie niedergeschlagen und isoliert Sie sich fühlen mögen. Rufen Sie einen alten Freund an, beschäftigen Sie sich mit etwas, das Sie interessiert, treten Sie einem Verein bei. Wofür auch immer Sie sich entscheiden – wenn Sie aus Ihrer Isolation ausbrechen und sich mit gesunden Menschen umgeben, werden Sie anfangen, sich besser zu fühlen.

4 Denken Sie sich eine Ausrede aus

Versuchen Sie nicht, ihm für die Trennung oder Distanzierung die Schuld zu geben. Sprechen Sie darüber, was für Sie beide besser ist, und präsentieren Sie die Sache so, dass es eher wie seine Idee als Ihre erscheint. Geben Sie ihm keinen Anlass, beschuldigen Sie ihn nicht und halten Sie ihm nicht seine Fehler vor – das ist für ihn unerträglich und macht das Beenden der Beziehung nur schwerer.

5 Machen Sie einen sauberen Schnitt

Ziehen Sie es nicht in die Länge – wenn Sie sich entschieden haben, zu gehen, gehen Sie schnell. Sobald Sie gegangen sind, kontaktieren Sie ihn nicht mehr. Bleiben Sie stark und lassen Sie sich nicht durch das Love Bombing zurücklocken, das folgen wird. Bei einem Familienmitglied ist es oft unmöglich, einen sauberen Schlussstrich zu ziehen, ohne dass es im weiteren Kreis der Familie zu einer großen Zerrüttung kommt. In diesem Fall ist es oft leichter, einfach wegzuziehen oder den Kontakt auf ein Minimum zu beschränken und sich mit festen Grenzen zu schützen.

Sigmund Ambrosius

Viele Kinder von Narzissten werden angeben, dass das Beste für sie war, physischen Abstand zwischen sich und ihren narzisstischen Elternteil zu bringen. Es löste den starken emotionalen Halt und erlaubte ihnen auch, sich wirklich sicher und glücklich zu fühlen, an einem Ort ohne Erinnerungen an den Schmerz der Kindheit.

6 Erwarten und planen Sie Vergeltungsmaßnahmen ein

Es wird Leute geben, die bei Ihnen anrufen und sich Sorgen um Sie machen – diese **Handlanger,** deren sich der Narzisst so geschickt bedient. Jemand anderes wird auftauchen, der versucht, eine Brücke zu schlagen. Sie werden Anrufe erhalten, unerwartete Besuche, Briefe mit unaufrichtigen Entschuldigungen. Bereiten Sie sich auf all das vor und bleiben Sie stark.

Wenn Sie lange genug neutral und standhaft bleiben, wird sich der Narzisst schließlich langweilen und sich jemand anderem zuwenden. Aber das wird Zeit brauchen. In der Zwischenzeit sollten Sie einige Gewohnheiten übernehmen, um sich zu schützen – viel Schlaf, Bewegung und gutes Essen helfen Ihnen, angesichts der Empörung des Narzissten ruhig und konzentriert zu bleiben. Wir werden darauf später noch eingehen.

7 Seien Sie freundlich zu sich selbst

Eine Beziehung mit einem Narzissten kann dazu führen, dass Sie sich ziemlich ausgelaugt fühlen. Sie können mit einigen Gefühlen der Trauer, des

Verlustes und sogar des Versagens rechnen. Das sind alles normale Gefühle, die vorübergehen werden. Geben Sie sich Zeit und Raum, suchen Sie eine Beratung auf, wenn Sie sie brauchen, und lassen Sie es ruhig angehen.

Das Führen eines Tagebuchs, in dem Sie Ihre Gefühle ausbreiten und sich auch daran erinnern können, warum Sie tun, was Sie tun, wird Sie bei der Stange halten. Wenn der Narzisst mit dem Love Bombing beginnt, lesen Sie in Ihrem Tagebuch nach, um sich daran zu erinnern, wie fies er sein kann, egal wie reizend er gerade erscheint. Er wird und kann sich nicht ändern, also war es die richtige Entscheidung, ihn zu verlassen. Erinnern Sie sich daran, wenn Sie anfangen zu schwanken.

Nutzen Sie die Gray-Rock-Methode (engl. „grauer Fels") zu Ihrem Vorteil

Narzissten lieben vor allem Drama. Sie sind zudem sehr wettbewerbsorientiert und neidisch. Wenn also etwas Aufregendes in Ihrem Leben passiert, werden sie versuchen, davon zu profitieren – und Ihnen die Freude daran zu verderben. Narzissten lieben es, die Kerzen auf dem Kuchen eines anderen auszublasen.

Wie gehen Sie also damit um? Stellen Sie ihnen den Kuchen nicht vor die Nase. Die Gray-Rock-Methode ist ein wunderbares Mittel für den Umgang mit Narzissten. Sie geht gegen unsere normalen Instinkte, aber genau das ist es, was Sie tun müssen, wenn Sie mit diesem Persönlichkeitstyp zurechtkommen müssen.

Wie funktioniert es also?

Stellen Sie sich einen grauen Felsen vor. Keine Farbe, kein Leben, hier gibt es nichts zu sehen. Und dann verhalten Sie sich ganz einfach wie einer. Das ist alles. Dieser Trick besteht im Wesentlichen darin, sich selbst so fade, so langweilig erscheinen zu lassen, dass nichts mehr übrig ist, was sich der Narzisst einverleiben könnte und bald (hoffentlich) zu jemand anderem weiterziehen wird.

Was Narzissten wollen, ist Ihre Energie. Wenn Sie sich gut fühlen, wollen sie Ihnen das wegnehmen. Wenn Sie eine aufregende Neuigkeit haben, wollen sie diese übertreffen. Wenn Sie etwas Schmerzhaftes in Ihrem Leben erleben, wollen sie ganz nah an Sie herankommen und Ihren Schmerz sehen. Das ist die wahre Definition von emotionalen Vampiren.

Geben Sie den Narzissten nichts als einen langweiligen „grauen Felsen".

Wenn sie zu Ihnen zurückkommen und nach glänzenden Schätzen zum Stehlen suchen, geben Sie ihnen weiterhin nichts. Reagieren Sie auf ihre Bitten um Informationen mit langweiligem Small Talk. Erzählen Sie ihnen nie, was in Ihrem Leben gut läuft, denn sie werden einen Weg finden, es zu zerstören. Wenn sie nachfragen, sagen Sie ihnen einfach, dass alles beim Alten ist. Keine Neuigkeiten.

Die Gray-Rock-Methode ist eine gute Möglichkeit, um aus dem melodramatischen Leben des Narzissten verbannt zu werden. Der Narzisst muss dann woanders nach seinem

Kick suchen, und Sie können ein friedlicheres Dasein genießen.

Das ist schwer. Ein Teil von Ihnen wird ihn immer gern bekehren wollen – vor allem, wenn es sich um ein Elternteil handelt. Sollten sich Eltern nicht eigentlich für ihre Kinder freuen? Das ist doch normal, oder?

Ja, das ist normal. Doch Sie müssen bedenken, dass Sie kein guter Mensch sein müssen, um Eltern zu werden. In der Tat kann man ein durch und durch unangenehmer Mensch sein und trotzdem viele Kinder haben. Es ist eine traurige Tatsache des Lebens, dass manchmal die unwürdigsten Menschen mit Kindern gesegnet werden, diese aber emotional nicht in der Lage sind, sie zu lieben und für sie zu sorgen.

Zum Glück ist das bei den meisten von uns nicht der Fall. Aber wenn Sie dieses Pech haben, sind Sie besser dran, es zu akzeptieren und woanders nach Liebe und Anerkennung zu suchen, als zu versuchen, sie von jemandem zu bekommen, der dazu nicht fähig ist, selbst wenn es sich um Ihre Mutter oder Ihren Vater handelt.

Wenn der Narzisst ein romantischer Partner ist, möchten Sie ihn vielleicht beeindrucken, ihn überzeugen und die Dinge wieder so machen, wie sie am Anfang waren. Leider können Sie das nicht. Sein anfänglicher Charme war nur gespielt, und was Sie jetzt zu sehen bekommen, ist sein wahres Ich. Hören Sie auf, zu versuchen, auf ihn einzureden, und stecken Sie Ihre Energie und Zeit in den Aufbau einer glücklicheren Zukunft, weit weg von dieser beschädigten Seele.

Sigmund Ambrosius

Eine Anmerkung für Ihr zukünftiges Ich:
Die Chancen stehen gut, dass Sie sich nicht so schnell wieder auf eine Beziehung mit einem Narzissten einlassen werden. Sie haben Ihre Lektion gelernt und wissen, dass Sie sich zurückziehen müssen, sobald Sie Anzeichen von Love Bombing oder plötzlicher Gemeinheit bemerken (dazu später mehr.)

Hier ist ein kraftvolles Zitat der Schriftstellerin Maya Angelou, um Sie zu schützen:

„Wenn dir jemand zeigt, wer er ist, dann glaube ihm beim ersten Mal."

Kapitel fünf – Heilung von narzisstischem Missbrauch

Wenn Sie dieses Buch lesen, stehen die Chancen gut, dass Sie sich durch die Interaktionen, die Sie mit dem Narzissten in Ihrem Leben hatten, verletzt und angegriffen fühlen.

Psychologen erkennen jetzt an, dass emotionaler Missbrauch – die Art, die man nicht sehen kann und die ihre blauen Flecken auf der Seele und nicht auf dem Körper hinterlässt – genauso schädlich und traumatisierend ist wie körperlicher Missbrauch. Diejenigen, die ihn erlebt haben, sagen oft, dass sie lieber körperlich geschlagen werden würden, weil die Wunden an der Psyche viel schmerzhafter und lähmender sind.

Es ist inzwischen auch anerkannt, dass psychischer Missbrauch zu denselben Arten von Traumata führen kann, die aus einmaligen traumatischen Ereignissen resultieren, wie z. B. aus einem Einbruch oder Überfall. Da der Missbrauch durch den Narzissten über einen langen Zeitraum hinweg stattfindet, kann es schwer sein, die erlittenen Wunden und Schäden zu erkennen. Stattdessen haben die Opfer das Gefühl, angegriffen oder verletzt worden zu sein, und davon geheilt zu werden wird ebenso lang dauern.

Überlebende von Einzelereignissen wie Autounfällen wissen das instinktiv, und obwohl der Schaden tief sitzen kann, können Sie sich davon erholen. Der Unterschied bei narzisstischem Missbrauch ist jedoch, dass Sie auf einer gewissen Ebene das Gefühl haben, dass es Ihre Schuld war. Der Narzisst ist sehr geschickt darin, Sie an sich selbst zweifeln zu lassen und Unsicherheit in Ihnen auszulösen, während er sich selbst als unschuldig darstellt. Es ist kein Wunder, dass Sie das Gefühl haben, sich im Belagerungszustand zu befinden oder unter einem tiefen Trauma zu leiden, wenn Sie einem Narzissten begegnen.

In diesem Kapitel des Buches, dem wichtigsten, werden wir unsere Aufmerksamkeit vom Narzissten weg und dorthin zurücklenken, wo sie sein sollte – auf Sie. Wir werden uns die Phasen der Genesung von narzisstischem Missbrauch ansehen und wie sich jede einzelne davon abspielt.

Wir werden auch die transformativen Wahrheiten aufdecken, denen sich jedes Opfer stellen muss, wenn es sich von seiner Erfahrung erholen will. Außerdem werden wir Ihnen einige wichtige Übungen zur Verfügung stellen, um Ihren Geist und Ihr Herz zu stärken und zu heilen.

Zum Schluss bieten wir Ihnen lebensverändernde Affirmationen an, um vergangene Verletzungen zu heilen. Diese können Sie wie ein Mantra wiederholen, während Sie den aufregenden Prozess beginnen, sich von dieser toxischen Beziehung zu lösen und das nächste, glücklichere Kapitel Ihres Lebens aufzuschlagen.

Die fünf Stadien der Genesung von narzisstischem Missbrauch

Sich von narzisstischem Missbrauch zu erholen ist so ähnlich, wie sich vom Tod eines geliebten Menschen zu erholen. Besonders wenn Sie diese Person lange Zeit geliebt und an sie geglaubt haben und auf ihre Geschichten hereingefallen sind, ist es schwer zu akzeptieren, dass sie nicht die ist, für die sie sich ausgibt. In der Tat ist sie nicht einmal annähernd so, wie sie sich selbst darstellt.

Die Genesung kann in fünf Phasen unterteilt werden. Bis zu einem gewissen Grad wird Ihr Heilungsprozess von Ihrer Persönlichkeit und dem Narzissten in Ihrem Leben abhängen. Vielleicht wird es keinen bestimmten Moment geben, in dem Sie sagen können, dass Sie vollständig über das Geschehene hinweg sind. Es ist wichtig, auch das zu beachten. Missbrauch hinterlässt Narben, und selbst wenn die Wunden abheilen und keine neuen entstehen, sind sie immer noch da. Aber sie machen Sie stärker und mitfühlender, also haben Sie nicht das Gefühl, dass Sie sich zum Schlechten verändert haben oder irreversibel geschädigt sind. Sie haben sich einfach verändert und sind ein wenig erwachsener geworden, wie wir alle (abgesehen vom Narzissten!)

Hier ist ein grober Leitfaden, der Ihnen helfen wird, den Genesungsprozess besser zu verstehen.

1 Notfallmodus

Nehmen wir an, Sie meinen, dass Sie Ihren letzten Kampf mit dem Narzissten ausgefochten haben. Sie haben ihm

81

gesagt, dass es vorbei ist, Sie haben das Gebäude verlassen oder den Hörer aufgelegt, und Sie sind fest entschlossen, ihn nicht mehr zurückkommen zu lassen.

Vielleicht bekommen Sie Nachrichten von ihm oder er taucht an Ihrer Tür auf. Oder Sie hören von ihm durch besorgte, unbeteiligte Dritte, die vom Narzissten geschickt wurden, um mit Ihren Schuldgefühlen, Ihrer Angst, Ihrer Verpflichtung und Ihrem Mitgefühl zu spielen.

Was Sie im Moment brauchen, ist emotionale Sicherheit. Sprechen Sie mit jemandem, der den Narzissten versteht und Ihnen keine Schuld zuweist. Versichern Sie sich selbst, dass Sie das Richtige tun. Und das Wichtigste: Tun Sie nichts, wodurch Sie sich selbst bestrafen. Keine Fressattacken, kein Grübeln oder Selbstvorwürfe, kein Alkohol oder Drogen.

Üben Sie **radikale Selbstfürsorge**: Behandeln Sie sich selbst so, wie Sie einen geliebten Menschen behandeln würden, der eine Verletzung erlitten hat. Hier sind einige Vorschläge:

- Gönnen Sie sich Ruhe, gutes Essen, warme Bäder und sogar einen Blumenstrauß. Kochen Sie Ihr Lieblingsessen.

- Gehen Sie an die frische Luft und machen Sie sanfte Bewegungsübungen.

- Hören Sie sich erbauliche geführte Meditationen auf YouTube an.

- Beschäftigen Sie sich, bringen Sie Ordnung in Ihr Haus und entrümpeln Sie.

- Gehen Sie schwimmen oder machen Sie andere Übungen, bei denen Sie sich gut fühlen.

- Lesen Sie ein Buch oder schauen Sie einen lustigen Film.

- Machen Sie einige Pläne für die Zukunft – eine Reise, ein Projekt, ein neues Studiengebiet.

- Kommen Sie wieder in Kontakt mit der Natur: ein Spaziergang im Wald oder am Strand, oder einfach ein Ausflug in den örtlichen Park. Was auch immer nötig ist!

Anhand dieser Liste können Sie sehen, dass es darum geht, zu den Grundlagen zurückzukehren: die Art von Dingen zu tun, die einem kleinen Kind ein gutes Gefühl geben. Halten Sie es unkompliziert und wissen Sie, dass Sie das Richtige tun, indem Sie sich um sich selbst kümmern.

Schalten Sie Ihr Telefon aus, wenn es nötig ist, und halten Sie sich von sozialen Medien fern, wo Ihr Missbraucher versuchen könnte, Sie aufzuspüren. In dieser Phase sind Sie möglicherweise durch den missbräuchlichen Kontakt traumatisiert und es ist entscheidend, sich darauf zu konzentrieren, sich selbst zu entspannen.

2 Vorwärtsgehen und wütend werden

Hier werden Sie anfangen, zu spüren, wie Ihre Energie zurückkehrt, und Sie durchleben vielleicht Momente der Wut und des Zorns, wenn Sie erkennen, wie viel Zeit und Energie der Narzisst Ihnen gestohlen hat.

Vielleicht sind Sie auch wütend auf sich selbst – dafür, dass Sie den Narzissten so lange mit seinem Verhalten davonkommen ließen, dafür, dass Sie nicht die Stimme erhoben haben oder für sich selbst eingetreten sind. Das ist alles völlig normal und bedeutet nur, dass Sie sich weiterentwickeln und wachsen, nicht, dass Sie versagt oder etwas falsch gemacht haben.

Es kann sein, dass Sie wieder in das erste Stadium zurückfallen, besonders wenn Sie Kontakt zu dem Narzissten haben. In dieser Phase ist es wichtig, Ihre Wut anzuerkennen, aber nicht in ihr stecken zu bleiben. Zu viel Zeit im Internet zu verbringen und sich mit anderen Betroffenen auszutauschen, ist zum Beispiel nicht die beste Idee, da es Sie davon abhalten kann, in Ihrem Leben voranzukommen.

Wenn es Ihnen wirklich schwerfällt, weiterzumachen, oder Sie das Gefühl haben, dass Sie sich im Kreis drehen, ist dies ein guter Zeitpunkt, um Ihren Hausarzt aufzusuchen und über eine professionelle Beratung zu sprechen, wenn Sie glauben, dass dies helfen könnte.

3 Sollten Sie sich wieder bei ihm melden?

Jetzt kommt der Punkt, an dem Sie einige Details von dem, was passiert ist, vergessen haben, und vor allem sind die unangenehmen Gefühle vielleicht verblasst. Sie beginnen, sich an die guten Seiten des Narzissten zu erinnern. Sie beginnen, zu denken, dass es vielleicht gar nicht so schlimm war, wie Sie es in Erinnerung haben, und dass Sie vielleicht einfach überreagiert haben oder zu sensibel waren.

Vielleicht wollen Sie einen Schlussstrich ziehen oder herausfinden, ob er sich gebessert hat (das hat er nicht). Vielleicht hören Sie jetzt auch etwas von dem Narzissten, weil ihm Ihre Aufmerksamkeit fehlt und er überlegt, wie er Sie zurücklocken kann.

Bleiben Sie stark. Gehen Sie nicht zurück – es gibt dort nichts als Schmerz für Sie. Wenn Sie den Narzissten wieder in Ihre Welt lassen, kehren Sie direkt wieder in das erste Stadium zurück, oder schlimmer noch, Sie finden sich vielleicht erneut in einer Beziehung mit ihm wieder, und der Kreislauf beginnt von vorn.

4 Distanz erreichen

Dies ist der Punkt, an dem Sie etwas Zeit hatten, sich zu erholen und sich mit Normalität zu umgeben. Sie haben viele der heftigsten Emotionen hinter sich gelassen und fangen an, ein klareres Verständnis dafür zu bekommen, was Ihnen widerfahren ist und warum Sie in die Beziehung hineingezogen wurden bzw. wie Sie wieder den Weg daraus gefunden haben.

Es kann aber immer noch schlechte Tage geben, an denen Sie sich selbst die Schuld zuweisen oder sich dabei ertappen, dass Sie glauben, was der Narzisst über Sie gesagt hat.

Akzeptieren Sie diese Gefühle, setzen Sie sich mit ihnen auseinander und sie werden vorübergehen. Sie kommen der Heilung näher und können mit Ihrem Leben weitermachen. Der Narzisst hat sich in Ihnen getäuscht, und Sie haben das Beste getan, was Sie zu diesem Zeitpunkt tun konnten.

5 Akzeptanz und vorwärtsgehen

Es geht weiter vorwärts. Sie haben ein gutes Verständnis für Ihre eigenen Stärken und Schwächen. Sie sind nun zunehmend in der Lage, die Dinge, die der Narzisst zu Ihnen gesagt hat, zurückzuweisen.

Vielleicht haben Sie eine Therapie gemacht und denken darüber nach, wie Sie in Zukunft gesündere Beziehungen gestalten können. Sie haben einige gute tägliche Gewohnheiten gebildet, die Ihnen helfen, sich stark und sicher zu fühlen (mehr dazu später) und Sie planen ein glücklicheres Leben für sich selbst.

Vor allem aber sind Sie frei von dem Narzissten und dem giftigen Einfluss, den er auf Ihr Leben hatte.

Fünf transformative Wahrheiten, denen sich jedes Opfer stellen muss

1 Der Narzisst wird sich nie so ändern, wie Sie es brauchen

Natürlich ist jeder Mensch zu Veränderung und persönlichem Wachstum fähig. Wir alle entwickeln uns auf alle möglichen Arten, manche von uns mehr als andere. Aber der Narzisst ist sehr resistent gegen Veränderungen, und Sie sollten niemals Ihre Zeit und Energie mit der Hoffnung verschwenden, dass die Dinge anders werden.

Zunächst einmal bleiben Sie dadurch in einer Position des Wartens stecken. Und Menschen können jahrelang in dieser Position bleiben. Es gibt vielleicht Momente, in denen Sie denken, dass sich die Dinge zum Positiven verändern könnten – zum Beispiel hat sich der Narzisst schlecht verhalten, Sie haben den Kontakt zu ihm abgebrochen, und er lockt Sie jetzt wieder mit dem Versprechen, dass es diesmal anders wird.

Das wird es nicht. Das Einzige, was passieren wird, wenn Sie diese Person wieder an sich heranlassen, ist, dass der Kreislauf von Neuem beginnt. Und dann wieder und wieder. Selbst wenn die Person sich ändern würde, vielleicht nach vielen Jahren der Therapie, wird es ihr immer noch an grundlegendem Einfühlungsvermögen mangeln. Und wollen Sie wirklich Jahre Ihres kostbaren Lebens damit verbringen, darauf zu warten, dass es jemandem besser geht? All diese Zeit, all diese Energie könnte weitaus produktiver verwendet werden – für andere Unternehmungen und Menschen, die es mehr verdient haben.

2 Er ist gegenüber Dritten kein anderer Mensch und nicht Sie waren das Problem

Glauben Sie nicht, dass Sie der Einzige sind, der mit dieser Person zu kämpfen hat, auch wenn sie Ihnen dieses Gefühl vermitteln mag. Ja, es mag den Anschein haben, dass in ihren anderen Beziehungen alles in Ordnung ist und Sie derjenige waren, der Probleme verursacht hat. Aber sie ist nicht anders zu anderen Menschen. Sie ist überall die gleiche Person.

Der einzige Unterschied besteht darin, dass Sie diese anderen Beziehungen nur von außen sehen, nicht von innen. Narzissten sind nicht in der Lage, jemanden mit Freundlichkeit und Anstand zu behandeln. Zugleich sind sie geheimniskrämerisch und besessen von ihrer Wirkung nach außen, sodass es recht wahrscheinlich ist, dass ihre anderen Beziehungen ebenso fehlerhaft und vergiftet sind, sie dies jedoch einfach gut verstecken.

3 Er hat Sie absichtlich missbraucht und es war nicht „alles nur Einbildung"

Weil Narzissten so geschickt in ihrem Tun sind und darin, mit ihren Tricks unbemerkt zu bleiben, fangen Sie vielleicht an, sich zu fragen, ob Sie sich die Dinge nur einbilden. Sie könnten sich fragen, ob der Narzisst wirklich böse und missbräuchlich ist oder ob er irgendwie nicht ganz bemerkt, dass das, was er sagt und tut, verletzend ist.

Doch. Er weiß genau, was er tut. Es gibt keine Entschuldigung für sein Verhalten, obwohl Sie wahrscheinlich ein paar Ausreden zu hören bekommen werden: Er wird älter (ältere Narzissten sind sehr gut darin, ihr Alter vorzutäuschen, wenn es ihnen passt), oder vielleicht hatte er eine unglückliche Kindheit und Sie sollten eigentlich Mitleid mit ihm haben.

Nein. Tut mir leid. Das reicht nicht. Viele Leute haben eine miserable Kindheit und lassen das nicht an anderen aus. Es gibt keine Entschuldigung für missbräuchliches Verhalten. Diese Mitleidstour ist etwas, das Narzissten sehr gut können, wenn es ihnen gefällt, insbesondere um empathische Menschen anzusprechen, die sie bemitleiden und ihnen ihr Verhalten verzeihen – nur um dann alles wieder von vorne beginnen zu lassen.

Was mitfühlende Menschen an Narzissten nur schwer verstehen können, ist, wie viel Freude sie daran haben, andere zu manipulieren, auszubeuten und mit ihnen zu spielen. Die meisten von uns genießen diese Dinge nicht und können sich nur schwer vorstellen, Freude am Leid anderer zu empfinden. Aber Narzissten tun es. Sie laben sich an dem Drama, dem Elend, und es gibt ihnen ein Gefühl von Macht, Kontrolle und Sinn in ihrem ansonsten leeren Leben. Traurigerweise gibt es kein Entkommen davon, kein höheres Selbst in der Seele des Narzissten, an das man appellieren könnte.

Auch sein missbräuchliches Verhalten ist nicht zufällig. Eine gute Frage, die Sie sich stellen sollten, wenn Sie sich über etwas wundern, was ein Narzisst gesagt oder getan hat, ist – wer war bei Ihnen, als er diese Dinge geäußert hat? Waren Sie allein? Oder hat er es vor anderen gesagt? Menschen, die ihr Verhalten abhängig davon ändern können, wer ihnen zuhört, wissen genau, was sie tun.

Und selbst wenn es ihm nicht gut geht, ist das nicht Ihr Problem. Sie haben das Recht, sich selbst zu schützen und ein Leben frei von narzisstischem Missbrauch zu führen.

4 Die Genesung braucht Zeit und ist kein Prozess, den Sie überstürzen können

Anders als bei einem einzelnen traumatischen Ereignis, wie z. B. ein Autounfall, findet narzisstischer Missbrauch über einen langen Zeitraum statt. Während körperliche Wunden heilen können, dauert dies bei einer Schädigung Ihrer psychischen Gesundheit länger.

Das bedeutet, dass Sie Ihrem Missbraucher nicht verzeihen oder Ihre Gefühle unter den Teppich kehren müssen.

Wenn Sie traurig oder wütend darüber sind, wie Sie behandelt wurden, ist das kein Zeichen von Schwäche. Es ist eine angemessene Reaktion auf das, was Ihnen widerfahren ist. Sie müssen auch nicht verzeihen oder Mitleid für Ihren Missbraucher empfinden. Schließlich empfindet er auch kein Mitgefühl für Sie.

Der Narzisst möchte, dass Sie an sich selbst zweifeln, dass Sie das Geschehene herunterspielen und glauben, dass Sie übertreiben oder es schlimmer machen, als es in Wirklichkeit war. Doch das stimmt nicht. Narzissten sind wirklich gefährliche und störende Menschen, und Sie können sich so viel Zeit nehmen, wie Sie brauchen, um sich von Ihrer Erfahrung zu erholen.

5 Alle Emotionen sind berechtigt

Es gibt keine richtige Art zu fühlen. Vielleicht haben Sie bei Ihrem Missbraucher das Gefühl gehabt, dass bestimmte Gefühle oder Reaktionen inakzeptabel waren. Narzisstische Eltern sind sehr gut darin, ihren Kindern beizubringen, emotionale Reaktionen zu unterdrücken und sich z. B. niemals zu beschweren.

Aber alle Ihre Emotionen sind berechtigt, Sie haben das Recht, sie zu fühlen und sie angemessen auszudrücken, egal worum es sich handelt. Sie haben das Recht, **wütend zu** sein über das, was gesagt und getan wurde, solange Sie Ihre Wut nicht in einer Weise ausdrücken, die für andere destruktiv ist.

Nutzen Sie Ihren Ärger auf produktive Weise: Um vorwärtszukommen, um Ihnen Energie zu geben und um

Ihre Gefühle in Dinge zu investieren, die Ihr eigenes Leben voranbringen. Sie kann eine kreative Kraft für das Gute sein, wenn Sie sie lenken und weise einsetzen!

Sie haben auch das Recht, **Trauer zu** empfinden. Das ist keine Schwäche, sondern eine Anerkennung, dass Sie jemanden verloren haben, der Ihnen wichtig war, oder zumindest die Vorstellung, die Sie sich von ihm gemacht haben. Nehmen Sie Ihre Trauer wahr, ehren Sie sie, und blicken Sie nach vorn.

Es kann hilfreich sein, etwas Abstand von Ihren Emotionen zu nehmen, sie als getrennt von Ihnen zu betrachten: Vielleicht visualisieren Sie Ihre Gefühle als Wolken, die über den Himmel ziehen. Auf die gleiche Weise bewegen sie sich durch Ihren Körper und gehen schließlich einfach vorbei. Sie brauchen nicht zusammenzubrechen: Spüren Sie sie einfach, erkennen Sie an, was Sie fühlen, und lassen Sie sie so lange auf sich wirken, wie es nötig ist.

Wenn Sie ein nicht hilfreiches Gefühl verändern wollen, können Sie zwei Dinge versuchen.

- Körperarbeit: Wir halten sowohl gute als auch schlechte Emotionen in unserem Körper fest – denken Sie nur daran, wie unterschiedlich wir aussehen, uns bewegen und klingen, wenn wir uns glücklich fühlen und wenn wir traurig sind. Es macht also Sinn, Emotionen durch Körperarbeit zu verändern. Das kann durch eine Massage bei einem erfahrenen Therapeuten geschehen, durch Yoga, Meditation oder einen langen Spaziergang.

Schwimmen und die Nähe zum Wasser sind ebenfalls sehr heilsam für unsere Emotionen.

- Das Gespräch mit einem Therapeuten, der sich mit posttraumatischen Belastungsstörungen auskennt, ist ebenfalls hilfreich, wenn Sie Ihre Gefühle verarbeiten wollen, und er verfügt über spezielle Techniken, die Sie anwenden können, um Ihre Emotionen zu bewältigen.

Essenzielle Übungen zur Stärkung von Herz und Geist bei der Heilung

Wenn Sie Ihren Weg zur Heilung beginnen, kann es hilfreich sein, Ihre Gedanken und Gefühle in einem Tagebuch festzuhalten. Vielleicht bringen Sie einfach alle Gedanken und Erinnerungen aus Ihrem Kopf zu Papier, wie Sie Ihnen gerade einfallen, oder Sie arbeiten gezielt eine Reihe von Fragen durch, die Ihnen helfen, zu verstehen, wie Sie in die Beziehung mit dem Narzissten geraten sind und was Sie daraus gelernt haben.

Im Folgenden erfahren Sie einige einfache Schreibübungen, die Ihre inneren Gedanken und Gefühle klären und Ihnen das Vorwärtskommen ein wenig erleichtern, indem sie Ihnen einige Fragen über Ihre Erfahrungen stellen.

Suchen Sie sich einen Zeitpunkt, zu dem Sie von niemandem unterbrochen werden und an dem Sie sich stark, neugierig und bereit fühlen, auf merkliche Weise voranzukommen, um den größten Nutzen aus dieser Übung zu ziehen. Nehmen Sie sich so viel Zeit wie nötig, und kehren Sie immer wieder zu diesen Fragen und Ihren Antworten zurück, wenn Sie sich unsicher oder aufgebracht fühlen. Sie werden Ihre Antworten und Ihre eigene innere Weisheit sehr kraftvoll finden. Sind Sie bereit? Los geht's!

1 Welche falschen Vorstellungen haben Sie über die Beziehung?

Hier können Sie alles notieren, was Sie über die Person und Ihre Beziehung zu ihr geglaubt haben und was Sie jetzt als falsch empfinden. Hier sind einige Ideen dazu:

✦ Hatten Sie das Gefühl, dass Sie die Schuld an allen Problemen trugen? Keiner von uns ist perfekt, aber es kann nicht alles Ihre Schuld gewesen sein. Fangen Sie an, dies zu analysieren, und schauen Sie, ob Sie ein klareres Bild von Ihrer Beziehung gewinnen.

✦ Hatten Sie das Gefühl, dass es Dinge gab, die Sie hätten tun können, um die Beziehung zu retten?

✦ Hatten Sie das Gefühl, dass die Person andere besser behandelt, oder behandelt sie in Wirklichkeit jeden mit einer gewissen Verachtung?

✦ Haben Sie das Gefühl, dass Sie nie jemand anderen finden werden? Stimmt das wirklich? Gibt es andere Menschen in Ihrem Leben, die sich um Sie kümmern?

2 Gibt es jemanden in Ihrer Kindheit, der Sie dazu animiert hat, die Schuld auf sich zu nehmen?

✦ Im Umgang mit einem Narzissten ertappen wir uns manchmal dabei, dass wir die Schuld für alles, was schiefgelaufen ist, auf uns nehmen, während die andere Person davonkommt und wie die unschuldige Partei dasteht.

✦ Ist dies ein Muster aus Ihrer Kindheit? Kommt es Ihnen bekannt vor? Entspricht das der Wahrheit oder haben Sie, wie die meisten Kinder, einfach Ihr Bestes gegeben und dabei ein paar Fehler gemacht?

3 Was haben Sie davon, Ihren Missbraucher zu schützen und die Schuld auf sich zu nehmen?

Vielleicht haben Sie sich ein idealistisches Bild davon gemacht, wie Ihre Beziehung zu dieser wichtigen Person sein sollte, und Sie wollen daran festhalten. Vielleicht befürchten Sie, dass Sie allein bleiben, wenn Sie für sich selbst einstehen.

Was hindert Sie daran, sich der Wahrheit zu stellen und diese Person hinter sich zu lassen?

4 Welche alternativen Betrachtungsweisen fallen Ihnen ein?

Schauen Sie sich zum Schluss alle Glaubenssätze an, die Sie im ersten Teil aufgeschrieben haben, und denken Sie sich einige Alternativen aus, die realistisch sind und sich für Sie wahr anfühlen. Wenn Sie zum Beispiel das Gefühl hatten, dass alles Ihre Schuld war, schreiben Sie auf, auf welche Weise Sie versucht haben, die Dinge besser zu machen. Listen Sie dann die Dinge auf, an denen Sie definitiv keine Schuld hatten und die einfach dem schlechten Verhalten des Narzissten geschuldet waren.

Ziehen Sie diese Aufzeichnungen wieder zurate, wenn Sie zweifeln oder von Selbstvorwürfen für das, was passiert ist, überwältigt werden. Wenn Sie sich die Zeit nehmen, über das Geschehene nachzudenken und den Status quo sowie die Geschichte, die Ihr Narzisst Ihnen erzählt hat, infrage stellen, können Sie ungesunde Überzeugungen durch solche ersetzen, die freundlicher sind und Ihnen helfen, weiterzukommen.

Lebensverändernde Affirmationen zur Heilung vergangener Verletzungen

Fügen Sie Ihrem Tagebuch einige Affirmationen hinzu, mit denen Sie sich identifizieren können, und verwenden Sie diese, um sich zu stärken, wenn Sie sich überwältigt fühlen. Noch mal: Hierbei handelt es sich um etwas für Ihren eigenen privaten Gebrauch und Sie können es gestalten, wie Sie wollen, auf eine Art und Weise, die sich für Sie hilfreich und angemessen anfühlt.

1 **„Ich erhole mich."**

   Dies ist vielleicht die mächtigste Affirmation und eine, die Sie verwenden können, um allen negativen Gedankenspiralen entgegenzuwirken, wenn sie auftauchen. Heilung ist ein langer, langsamer Prozess, aber sie kann und wird geschehen.

   Heilung mag kein geradliniger oder linearer Prozess sein, und es wird Rückschläge auf dem Weg geben. Aber Sie werden sich erholen.

2 **„Die Vergangenheit liegt hinter mir, und ich konzentriere mich auf die Gegenwart und die Zukunft."**

Es ist leicht, in der Vergangenheit stecken zu bleiben, besonders wenn Sie einen schlechten Tag haben: Bedauern, Grübeln, Gedanken darüber, was Sie hätten anders machen können oder das erneute Durchleben schrecklicher Momente mit dem Narzissten. Vergeben Sie sich selbst, wenn das passiert, und konzentrieren Sie sich auf die Gegenwart und die Zukunft.

Wenn Sie in der Vergangenheit feststecken, kann die obige Affirmation Ihnen Halt geben. Keiner von uns kann etwas tun, um die Vergangenheit zu ändern. Wir können nur anerkennen, was passiert ist, und das, was es uns gelehrt hat, für die Gestaltung einer glücklicheren Zukunft nutzen. Es ist auch eine gute Erinnerung daran, den gegenwärtigen Moment zu schätzen.

3   „An diesem Moment ist nichts auszusetzen."

Noch einmal: Die Vergangenheit kann wieder auftauchen und uns in verletzlichen Momenten heimsuchen. Wenn das passiert, konzentrieren Sie sich auf die Gegenwart. Gehen Sie nach draußen, hören Sie den Vögeln zu, spüren Sie die Sonne auf Ihrem Gesicht und erinnern Sie sich daran, dass Sie sicher sind und Ihnen nichts passieren kann.

4   „Ich bin ein liebenswerter Mensch, der es verdient, mit Respekt und Freundlichkeit behandelt zu werden."

Dies ist der Glaube, den Narzissten so geschickt zu zerstören versuchen. Sie sind nicht in der Lage, anderen mit Liebe, Respekt und Freundlichkeit zu begegnen oder diese Dinge an sich selbst wahrzunehmen, also tun sie ihr Bestes, um Ihnen das Gefühl zu geben, dass Sie das auch nicht verdient haben.

Sobald Sie sich von einem Narzissten getrennt haben, müssen Sie an dieser Affirmation hart arbeiten. Sie meint genau das, was sie besagt, und sie ist wahr!

5 „Ich verdiene Selbstfürsorge."

Diese ist eine lebenslange Affirmation. Wir haben in diesem Kapitel bereits ein wenig über Selbstfürsorge gesprochen, und das ist etwas, das Ihnen auf Ihrem Weg zur Heilung wirklich helfen wird. Es ist auch eine Methode, um sich selbst an die erste Stelle zu setzen – natürlich nicht ständig, Sie sind ja kein Narzisst – aber genug, sodass Sie sich umsorgt und geliebt fühlen.

Das ist kein egoistischer Akt, sondern ein Weg, um sicherzustellen, dass Sie sich auch um andere kümmern können. Sie können anderen, wie z. B. Ihren Kindern und Freunden, keine Kraft spenden, wenn Sie selbst erst einmal Kraft tanken müssen. Kümmern Sie sich also um sich selbst.

6 „Ich lasse mich nicht beirren und ich vertraue mir selbst."

Narzissten sind Experten im Gaslighting und in der Manipulation, indem sie Sie an Ihrer eigenen Realität zweifeln lassen, damit sie selbst sich mächtiger fühlen.

Diese Affirmation versucht, dem entgegenzuwirken, indem sie Ihnen die Macht über Ihre eigene Wahrnehmung überträgt und Sie ermutigt, Ihrer eigenen Intuition, Ihren Gedanken und Gefühlen zu vertrauen und zu glauben.

7 „Ich habe das Recht auf Grenzen."

Ihre Grenzen zu schützen ist ein weiterer Akt der Selbstfürsorge, an dem Sie arbeiten müssen, wenn Sie sich von narzisstischem Missbrauch erholen. Das ist besonders wichtig, da Sie damit rechnen müssen, dass der Narzisst sich für eine Weile zurückzieht, aber irgendwann zurückkommt, um Sie erneut anzugreifen.

Bleiben Sie stark und unnachgiebig und schützen Sie Ihre Grenzen zu jeder Zeit auf friedliche Weise.

8 „Er vermisst nicht mich; sondern die Macht."

Wenn Sie Mitleid für den Narzissten empfinden, weil er einsam zu sein scheint oder versucht, wieder mit Ihnen in Kontakt zu treten, erinnern Sie sich mit dieser Affirmation daran, wer er wirklich ist. Er hat Sie nie wahrhaft geliebt. Nicht, weil Sie irgendetwas falsch gemacht haben, sondern weil er einfach nicht zur Liebe fähig ist. Was er jedoch vermisst, ist die Macht, Sie zu misshandeln.

9 „Mein Erfolg spricht für sich."

Wenn die Wut zuschlägt – und das wird sie –, greifen Sie ihn nicht an. Das ist genau das, was er von Ihnen erwartet, denn wenn Sie Emotionen zeigen, bedeutet das, dass er immer noch Macht über Sie hat. Wiederholen Sie stattdessen die obige Affirmation und nutzen Sie ihre Energie, um etwas Positives in Ihrem neuen Leben zu tun: ein berufliches Ziel, ein kreatives Projekt, ein Trainingsplan oder etwas Selbstfürsorge.

Arbeiten Sie an den Dingen in Ihrem eigenen Leben und lassen Sie Ihr Glück und Ihren zukünftigen Erfolg Ihre Rache sein. Karma hat eine Art, sich in seinem eigenen, angenehmen Tempo zu entfalten – Sie brauchen es also nicht anzuschieben. Sie sind zu sehr mit anderen Dingen beschäftigt.

10 „Ich habe gute Freunde und meine Familie um mich herum."

Wiederholen Sie dies nicht nur für sich selbst, sondern suchen Sie sich auch Menschen, bei denen Sie sich gut fühlen, die Sie lieben und denen Sie vertrauen. In der Nähe eines Narzissten zu sein, ist wie sich in einem kalten, dunklen Raum aufzuhalten. Suchen Sie nach den Menschen, die Ihnen das Gefühl geben, von warmem Sonnenlicht durchflutet zu werden, die Sie mit Freundlichkeit und Wärme behandeln. Gute Freunde und liebevolle Familienmitglieder sind die besten Gegenmittel gegen einen Narzissten, die Sie je finden werden. Dazu können auch Arbeitskollegen, Nachbarn und die neuen Menschen gehören, die unerwartet auftauchen, wenn Sie Platz für sie schaffen – all die Menschen in Ihrem Leben, die Sie mit Respekt und Freundlichkeit behandeln. Schätzen Sie sie, erfreuen Sie sich an ihnen und behalten Sie den Glauben daran, dass sie irgendwo da draußen auf Sie warten.

Kapitel sechs – Den Kreislauf durchbrechen

In diesem Kapitel wollen wir darüber sprechen, wie Sie Narzissten in Zukunft vermeiden können. Wir werden uns ansehen, warum Sie vielleicht die Aufmerksamkeit von Narzissten auf sich ziehen und wie Sie einen Narzissten erkennen können.

Zum Schluss werden wir kreativ und geben Ihnen einige Methoden an die Hand, um Selbstliebe und Selbstfürsorge zu entwickeln, zusammen mit verschiedenen Praktiken für inneren Frieden und Glück. Diese Techniken werden nicht nur dafür sorgen, dass Sie sich gut fühlen, sie werden Sie auch vor Narzissten in Ihrem Leben schützen. Lassen Sie uns beginnen.

Sechs Gründe, warum Sie immer wieder Narzissten anziehen

Zuallererst muss ich die obige Aussage klarstellen. Es wird geschätzt, dass etwa 6 % der Bevölkerung an einer narzisstischen Persönlichkeitsstörung leidet. Wenn Sie also viel unterwegs sind, arbeiten, ausgehen und in Ihrem täglichen Leben Menschen treffen, stehen die Chancen gut, dass Sie dem einen oder anderen Narzissten begegnen.

Das Problem besteht nicht darin, ihnen zu begegnen oder sie gar anzuziehen. Da sie mehr Beziehungen als die meisten Menschen verheizen, neigen sie auch dazu, sich auf jeden neuen Menschen zu stürzen, um frische Aufmerksamkeit zu bekommen. Das Problem beginnt dann, wenn man sie nicht vertreibt. Narzissten sind sehr geschickt darin, diejenigen ausfindig zu machen, die es mit ihnen aushalten, und die daher dafür geeignet sind, ausgenutzt zu werden. Schwierig wird es also nicht, wenn man einen Narzissten anzieht – das tun wir alle von Zeit zu Zeit –, sondern, wenn man ihnen nicht die Tür weist.

Hier sind einige Fragen, die Sie sich stellen sollten, um herauszufinden, warum Sie möglicherweise einen Narzissten in Ihr Leben aufgenommen haben. Sie werden Ihnen helfen, sich selbst besser zu verstehen und sich in Zukunft bewusster darüber zu sein, worauf Sie zu Beginn einer Beziehung achten sollten.

1 Neigen Sie dazu, sich den Egoismus anderer Menschen gefallen zu lassen?

Einige von uns sind toleranter als andere, und wenn Sie unter geringem Selbstwertgefühl leiden oder in einer Umgebung aufgewachsen sind, in der von Ihnen erwartet wurde, egoistisches Verhalten zu akzeptieren, z. B. das eines Elternteils, sind Sie vielleicht darauf konditioniert, Egoismus zu dulden. Narzissten werden sehr schnell herausfinden, wer sich ihre Spielchen gefallen lässt und wer nicht, und sich auf diejenigen konzentrieren, die eher akzeptierend und nachsichtig sind.

Sie müssen nicht allzu misstrauisch sein – schließlich sind die meisten Menschen keine Narzissten. Aber denken Sie nicht, dass Sie jeden sofort einweihen müssen. Sich die Zeit zu nehmen, um die Menschen langsam kennenzulernen, ist die bessere Strategie. Wenn Sie bemerken, dass jemand ein wenig egoistisch zu sein scheint – dominant im Gespräch, oder wenn er Sie für alles bezahlen lässt – nehmen Sie das zur Kenntnis und halten Sie sich zurück damit, ihm zu viel zu geben.

2 Haben Sie Grenzen bezüglich dessen, welches Verhalten anderer Sie tolerieren und welches nicht?

Dies kann auf Freunde, Familie und romantische Partner gleichermaßen zutreffen. Wenn Sie jemand sind, der dazu neigt, sich ausgenutzt zu fühlen, sind Sie vielleicht auch ein Ziel für Narzissten. Betrachten Sie zuerst Ihren eigenen Umgang mit anderen – sind Sie respektvoll gegenüber anderen, stellen Sie sicher, dass Sie jeden so behandeln, wie Sie selbst behandelt werden möchten? Wenn Sie wissen, dass Sie die Grenzen anderer respektieren, warum bestehen dann Sie nicht darauf, dass auch Ihre Grenzen geschützt werden?

Das bedeutet, darüber nachzudenken, wie Sie von anderen behandelt werden möchten, und sich zu Wort zu melden, wenn Sie mit etwas nicht zufrieden sind. Das ist etwas, was Sie lernen können. Wenn Sie also das Gefühl haben, dass der Narzisst auf dieses Defizit aufmerksam geworden ist, sollten Sie nach Möglichkeiten suchen, Ihre Grenzen zu stärken – wir werden hier einige behandeln, aber ein paar Sitzungen mit einem Therapeuten sind ebenfalls ein guter Ausgangspunkt.

3   Neigen Sie dazu, länger in einer schlechten Beziehung zu bleiben, als Sie sollten?

Aus einer Beziehung auszusteigen, die gut angefangen hat, mit der es aber dann bergab ging, ist nicht immer einfach. An welchem Punkt sollte man sie beenden? Wie gehen Sie dabei vor? Sollten Sie bleiben, nur um zu sehen, ob es besser wird?

Wenn Sie jemand sind, dem es schwerfällt, zu wissen, wann er etwas beenden, loslassen und damit abschließen soll, sind Sie vielleicht leider auch jemand, zu dem sich Narzissten hingezogen fühlen. Wenn Sie das Gefühl haben, dass sich eine Beziehung nicht so entwickelt hat, wie Sie es gerne hätten, und Sie unsicher sind, ob Sie gehen oder bleiben sollten, gibt es ein paar Dinge, die Sie tun können.

Denken Sie zunächst einmal daran, dass sich Beziehungen immer verändern. Sie werden besser oder schlechter, aber sie bleiben nie gleich. Der Trick besteht darin, sich das Muster anzusehen – wenn die Beziehung gut angefangen hat, sich aber stetig verschlechtert hat und Sie sich schlecht fühlen, dann ist es an der Zeit, sich zu trennen. Es ist Ihre kostbare Zeit und Energie einfach nicht wert, in einer Beziehung zu bleiben, die Sie nicht glücklich macht. Niemals.

4   Sind Sie jemand, der es zulässt, abgewertet zu werden?

Ein Narzisst verhält sich zunächst immer nett und charmant, aber wenn Sie ihn an sich heranlassen, werden Sie anfangen, sein wahres Ich zu sehen. Das kann mit einer subtilen Herabsetzung oder einer leicht abfälligen Bemerkung beginnen. Oder Sie stellen fest, dass er bei Verabredungen nie seine Brieftasche dabei hat. Insgesamt scheint er immer mehr zu nehmen, als er gibt, was Zeit, Energie und Mühe angeht.

Wenn Sie jemand sind, der dazu neigt, sich zu fügen und den Mund zu halten, sind Sie das ideale Ziel für einen Narzissten. Das bedeutet nicht, dass Sie sich mit ihm anlegen müssen, wenn er sich schlecht benimmt, es bedeutet nur, dass Sie sich vor der Tendenz hüten müssen, es den Menschen zu sehr recht zu machen. Vergewissern Sie sich, dass die Menschen, denen Sie Ihre Zeit und Freundlichkeit schenken, diese auch wirklich verdienen und sie Ihnen auch Gleiches zurückgeben.

5 Neigen Sie dazu, das schlechte Verhalten anderer Menschen zu entschuldigen?

Es ist gut, den Menschen einen Vertrauensvorschuss zu geben. Jeder hat schlechte Tage und niemand ist perfekt. Aber wenn das Verhalten von jemandem durchgehend schwierig ist und Sie feststellen, dass Sie immer versuchen, eine Entschuldigung dafür zu finden, sollte Ihnen das eine Warnung sein.

6 Wenn jemand ausfällig wird, gehen Sie dann sofort?

Ein größeres Warnsignal gibt es nicht. Wir alle haben ein unterschiedliches Maß an Toleranz, abhängig davon, wie wir aufgewachsen sind und von unserem eigenen Temperament und unserer Persönlichkeit. Wenn jemand zum

Beispiel mit einem gewalttätigen Elternteil aufgewachsen ist, könnte er dazu erzogen worden sein, dieses Verhalten als akzeptabel oder als etwas, was in Beziehungen normal ist, anzusehen.

Wenn Sie das Gefühl haben, dass Sie jemand sind, der sich mehr gefallen lässt, als Sie sollten, setzen Sie sich damit auseinander. Sprechen Sie mit einem Therapeuten oder informieren Sie sich darüber, was sowohl emotionalen als auch körperlichen Missbrauch ausmacht. Lernen Sie, auf Ihr Bauchgefühl zu hören und die Warnzeichen von Missbrauch zu erkennen. All diese Dinge können erlernt werden und werden Sie in Zukunft vor Schaden bewahren.

Sieben Methoden, um einen Narzissten beim ersten Date zu erkennen

Wie wir jetzt wissen, sind Narzissten gut darin, andere zu bezaubern und unglaublich fürsorglich und verständnisvoll zu wirken – bis man sie richtig kennenlernt. Dann zeigen sie sich von einer ganz anderen Seite. Aber wie kann man ihnen auf die Schliche kommen, bevor man verletzt wird? Es ist nicht einfach, und das Gefühl, eine Verbindung mit jemandem zu haben, macht es noch schwieriger. Zum Glück gibt es einige Warnzeichen.

1 Er hat das Date bis ins Detail geplant

Menschen, die nicht in der Lage sind, etwas zu planen, können frustrierend sein, und auf den ersten Blick bietet jemand, der jedes Detail eines ersten Dates unter Kontrolle zu haben scheint, eine willkommene Abwechslung.

Aber beachten Sie diese frühen Interaktionen – lässt der andere Sie den Treffpunkt wählen, oder besteht er darauf, zu entscheiden? Wenn Sie dort ankommen, sagt er dann: „Möchtest du, dass ich das Essen bestelle?" oder treffen Sie diese Entscheidung gemeinsam?

Jemand, der die Kontrolle über jedes Detail zu haben scheint, ist vielleicht einfach nur gut organisiert, oder er hat eine kontrollierende und narzisstische Persönlichkeit. Es ist zu früh, um das mit Sicherheit zu sagen – aber seien Sie einfach neugierig und nehmen Sie diese Dinge zur Kenntnis.

2 Love Bombing

Wir haben uns dies bereits im Detail angesehen, aber es ist es wert, noch einmal erwähnt zu werden, da es sich um eine typische narzisstische Eigenschaft handelt, die Sie leicht überzeugen kann, wenn Sie nicht darauf aufmerksam gemacht werden. Wenn die Person, mit der sie ausgehen, absolut allem zustimmt, was Sie sagen, stimmt etwas nicht. Niemand ist so nett oder so zustimmend. Es ist zwar schmeichelhaft, jemanden zu treffen, der scheinbar so mit Ihnen übereinstimmt, aber wenn Sie das Gefühl haben, dass man mit Ihnen spielt, dann ist es wahrscheinlich auch so.

Achten Sie auch auf Verabredungen, bei denen Sie zu schnell zu viele Pläne machen. Bei einem ersten Date sollten Sie das Gefühl haben, dass Sie danach ein wenig Zeit zum Durchatmen und Nachdenken haben, und nicht sofort ein weiteres Treffen ansetzen.

Narzissten sind sehr geschickt darin, Menschen zu bezaubern, und bevor Sie sich versehen, sind sie Teil Ihres Lebens, richten sich ein und nehmen Ihre Zeit, Ihre Energie und Ihr Geld in Beschlag. Seien Sie auf der Hut. Wenn etwas zu schön erscheint, um wahr zu sein, ist es meistens auch nicht wahr.

3 Viel subtile Prahlerei

Es ist eine interessante Tatsache, dass diejenigen, die wirklich am meisten Grund haben zu prahlen – Reichtum, Erfolg, Talent, Schönheit – dazu neigen, überhaupt nicht zu prahlen. Stattdessen versuchen sie, für andere da zu sein, weil sie selbst kein Bedürfnis danach haben, Anerkennung von anderen zu bekommen.

Die absoluten Angeber sind leicht zu erkennen und fast schon komisch in ihren Bemühungen, mit ihrem Geld, ihrer Macht und ihrem Erfolg zu prahlen und zu beeindrucken. Aber achten Sie auch auf diejenigen, die falsche Bescheidenheit zur Schau stellen und sich in heimlichen Prahlereien ergehen, aus denen sie allmählich ein Bild der Überlegenheit schaffen. Dies sind die wirklich geschickten Narzissten, und wenn Ihnen ein paar zu viele Prahlereien aufgefallen sind, befinden Sie sich vielleicht in der Gesellschaft eines solchen.

4 Er ist unhöflich zum Personal

Es ist immer aufschlussreich, wie jemand das Servicepersonal und die Bedienung behandelt. Stellt er Forderungen, beschwert er sich und verhält sich überlegen, macht er Witze auf Kosten des Gegenübers oder versucht, denjenigen zu demütigen? Besteht er darauf, an einem bestimmten Platz zu sitzen, oder hat er irgendein Problem mit der Umgebung des Restaurants? Wenn Sie jemanden dabei beobachten, wie er diese Dinge tut, ist das ein sicheres Warnzeichen, dass er Sie bald genauso behandeln könnte.

Unhöflich zu sein oder sich über alltägliche Ärgernisse wie langsamen Service in einem Restaurant zu ärgern, ist auch ein Zeichen dafür, dass er möglicherweise Probleme mit der Wutbewältigung hat. Sicher, jeder hat schlechte Tage und ärgert sich, aber wenn jemandem jegliche Perspektive zu fehlen scheint und er in der Öffentlichkeit nicht die Ruhe bewahren kann, hat er vielleicht ein Problem.

Und achten Sie auch auf alles, was mit Geld zu tun hat – wie wir herausgefunden haben, neigen Narzissten dazu, schlechte Geschenke zu machen, und sind oft geizig mit Geld. Warnsignale sind z. B. das plötzliche Verschwinden auf die Toilette, wenn es Zeit ist, die Rechnung zu bezahlen, die Weigerung, Trinkgeld zu geben, oder das Vergessen der Brieftasche.

5 Seine Äußerungen über Wünsche und seine Vergangenheit stimmen nicht überein

Wenn jemand so tut, als wolle er unbedingt sesshaft werden, heiraten und Kinder haben, sollten Sie vorsichtig sein. Niemand sollte beim ersten Date (oder beim zweiten, dritten oder vierten ...) von einer langfristigen Beziehung sprechen. Haken Sie nach und fragen Sie nach den letzten Liebesbeziehungen der Person. Hat er eine Reihe von kurzfristigen Beziehungen und dramatischen Trennungen hinter sich? Hat er Ex-Partner, über die er immer noch viel redet? All diese Punkte können bedeuten, dass

Sie sich in der Gesellschaft eines Narzissten befinden, der dazu neigt, romantische Partner regelrecht zu verheizen.

6 Er bringt Sie dazu, Ihre Unsicherheiten zu offenbaren, verbirgt aber seine eigenen

Narzissten sind sehr geschickt darin, nach Ihren Schwächen zu forschen und die Punkte zu finden, bei denen Sie ein wenig empfindlich reagieren. Mit der Zeit wird der Narzisst diese nutzen, um sich selbst überlegener zu fühlen und Sie damit zu sticheln, wenn er Sie in Ihre Schranken weisen will.

Dennoch werden Sie nie zu sehen bekommen, dass er seine eigenen Unsicherheiten in irgendeiner bedeutsamen Weise zugibt. Während Sie Ihre Geheimnisse ausplaudern, wird er nur zuhören, lächeln und vielleicht etwas Verletzendes sagen, um ein wenig Salz in die Wunde zu streuen.

Wenn Sie eine Verabredung mit dem Gefühl beenden, viel zu offen und verletzlich gewesen zu sein, kann das ein Zeichen dafür sein, dass Sie gerade einen Narzissten getroffen haben. Wenn Sie neue Leute kennenlernen, sollten Sie sich gut, erbaut und ermutigt fühlen – nicht klein oder bloßgestellt.

7 Es dreht sich alles um ihn

Die besten Gespräche bestehen aus einem Geben und Nehmen – etwas Zuhören, etwas Reden, gemeinsames Lachen und Beobachtungen. Aber nicht so mit dem Narzissten, der nicht da ist, um zu lernen, zuzuhören und zu genießen, sondern um bewundert und angehimmelt zu werden. Wenn jemand ununterbrochen redet und Sie sich dabei ertappen, dass Sie auf die Toilette verschwinden müssen, nur um eine Pause von seinem unaufhörlichen Geplapper zu bekommen, seien Sie gewarnt – so wird Ihre Zukunft aussehen.

Wenn jede Anekdote, die Sie erzählen, in eine ähnliche Geschichte über etwas überzugehen scheint, das er getan hat, aber besser als Sie, handelt es sich hierbei um ein weiteres Warnsignal. Narzissten fällt es sehr schwer, zuzuhören. Oft wirken sie abgelenkt, fummeln an ihrem Telefon herum oder sehen Ihnen nicht richtig in die Augen. Sie diskutieren lieber über ihre eigenen Fähigkeiten und Talente, als mehr über die Menschen um sie herum zu erfahren. Wenn sich alles um ihn dreht, bereiten Sie sich darauf vor, sich möglicherweise in der Gesellschaft eines Narzissten zu befinden.

Eine andere Sache, die Ihnen vielleicht auffällt, ist, dass er sehr schmeichelhaft über andere Menschen spricht, die er kennt – Freunde, Arbeitskollegen, Familienmitglieder. Sie fühlen sich im Vergleich zu diesen wunderbaren Menschen immer kleiner und fragen sich, warum Sie eine Verabredung damit verbringen, sich anzuhören, wie besonders jemand anderes war – sollte er sein Augenmerk nicht auf Sie richten? (Antwort: ja.)

Was tun, wenn Ihnen das alles beim ersten Date klar wird?

Geraten Sie nicht in Panik. Genießen Sie den Abend so, wie er ist (als Lernerfahrung!) und führen Sie danach mit einem vertrauten Freund eine Nachbesprechung durch. Einen Narzissten frühzeitig zu erkennen und sich entsprechend abzugrenzen, ist eine nützliche Fertigkeit, die es wert ist, gelernt zu werden!

Vier Methoden, um nie wieder Narzissten anzuziehen

Wenn Sie das Gefühl haben, dass Sie immer wieder diese Art von Menschen anziehen, wollen Sie dieses Muster wahrscheinlich unbedingt stoppen. Denn warum sollte jemand solch schwierige Menschen in seinem Leben willkommen heißen?

Die Wahrheit ist, der Narzisst ist da, um Sie etwas zu lehren. Und bis Sie es lernen, wird er immer wieder zurückkommen. Wenn Sie ihn als ein Lehrmittel betrachten, wird es plötzlich viel einfacher, mit ihm umzugehen. Aber was will er Sie lehren?

Im Grunde genommen scheinen die Menschen Narzissten anzuziehen, die versuchen, es anderen immer recht zu machen. Fügsame, nachgiebige Typen sind ihre bevorzugte Beute. Wenn das auf Sie zutrifft, gibt es Möglichkeiten, wie Sie diese Verhaltensweisen ändern können.

1 Entschuldigen Sie andere Menschen nicht so leicht

Wenn sich jemand schlecht verhält, ist er im Unrecht. Punktum. Es spielt keine Rolle, wie schwer seine Kindheit war, wie stressig sein Job ist – es gibt keine Entschuldigung für missbräuchliches Verhalten. Entschuldigen Sie dieses nicht. Schenken Sie der Person kein Mitgefühl. Sie sind nicht ihr Arzt und Sie sind nicht ihr Prügelknabe. Es ist nicht Ihr Problem und Sie können sich nur um sich selbst kümmern.

Ja, es ist schwer, sich von Menschen zu trennen. Es ist schwer, zu akzeptieren, dass man den anderen nicht in Ordnung bringen kann, selbst wenn man sich um ihn sorgt. Es ist schwer, wenn man weiß, wie leicht man doch vergibt, wie nett man selbst ist und wie gut die Beziehung sein könnte, wenn derjenige nur nicht so gemein wäre. Aber Sie müssen sich selbst und Ihre eigene körperliche und emotionale Sicherheit an erste Stelle setzen.

Wenn sich jemand Ihnen gegenüber ausfällig verhält, gehen Sie weg. Das ist wirklich der Schlüssel zu einem glücklichen und sicheren Leben, und Sie haben ein solches verdient.

2 Erkennen Sie die Warnsignale und vertrauen Sie Ihren Instinkten

Wir haben die Warnsignale ausführlich behandelt, und Sie sind nun mit einer Checkliste der Anzeichen, auf die Sie achten sollten, gut gewappnet.

Nehmen Sie diese zur Kenntnis, vertrauen Sie Ihrem Instinkt, und wenn Sie das Gefühl haben, dass Sie nicht sicher sind, dann ziehen Sie sich zurück. Widerstehen Sie dem Drang, in einer Situation zu verweilen, die Ihnen Unbehagen bereitet, weil Sie nicht unhöflich sein oder Ärger verursachen wollen.

Sie müssen der Person nicht sagen, warum Sie nicht mehr zur Verfügung stehen – bei einem Narzissten ist es sogar

besser, wenn Sie das nicht tun, da er Konfrontationen und Machtkämpfe liebt. Ziehen Sie sich einfach zurück, lösen Sie sich von der Person und machen Sie ihr klar, dass Ihre Zeit und Energie anderweitig in Anspruch genommen werden.

3 Lassen Sie sich nicht überwältigen

Narzissten sind sehr gut darin, ihre Opfer zu zermürben. Das kann durch lange, anstrengende Gespräche geschehen, denen Sie buchstäblich nicht entkommen können. Es kann sein, dass er Sie frühmorgens aufweckt oder nachts lange wachhält, sodass Sie sich müde fühlen und weniger dazu in der Lage sind, klare Entscheidungen zu treffen. Es kann sein, dass er Sie einer Prüfung unterzieht – dass er genau beobachtet, was Sie tun, viele Fragen stellt und viele Kommentare abgibt, sodass Sie sich unsicher und ins Visier genommen fühlen.

Seien Sie sich dieser Tendenz bewusst, und wenn Sie spüren, dass Sie überfordert sind, dann finden Sie einen Weg, sich zu befreien. Legen Sie das Telefon weg, gehen Sie früh ins Bett, gehen Sie nach Hause. Nehmen Sie sich etwas Zeit und Raum, um neue Energie zu tanken – ein Bad, ein Work-out, etwas Meditation oder ein langer Spaziergang – und widmen Sie sich dann dem Problem. Wenn ein Narzisst weiß, dass Ihre Zeit und Energie durch klare Grenzen geschützt sind, wird er zu jemand anderem weiterziehen.

Wenn es sich hingegen um eine gute, gesunde Beziehung handelt, wird es dem anderen nichts ausmachen, wenn Sie die Dinge langsam angehen lassen.

4 Suchen Sie Hilfe bei einem qualifizierten Therapeuten

Wenn Sie sich immer wieder in diesen Beziehungen wiederfinden, kann es sein, dass Sie die tieferen Gründe mithilfe eines qualifizierten Therapeuten aufdecken müssen. Dies wird Zeit und Geld kosten, aber es kann die beste Investition sein, die Sie jemals für sich selbst und Ihre Zukunft tätigen.

Neun kraftvolle Techniken für die Entwicklung einer unzerbrechlichen Selbstliebe

Ein bewährter Weg, sich vor Narzissten zu schützen, ist es, Selbstliebe zu entwickeln. Dabei geht es nicht darum, selbst egoistisch oder narzisstisch zu werden; es geht darum, sich um sich selbst zu kümmern, so wie man es mit einem guten Freund oder einem kleinen Kind tun würde. Im Folgenden habe ich einige einfache Techniken und Ideen zusammengetragen, um wahrhaft an Ihrer Selbstliebe zu arbeiten.

Dies ist etwas, das Ihnen ein Narzisst nicht wegnehmen kann und das Sie in Zukunft schützen wird.

1 Beginnen Sie jeden Tag mit achtsamen Intentionen

Das Festlegen von Intentionen bezweckt im Wesentlichen, sich selbst daran zu erinnern, dass Sie es wert sind, Fürsorge und Liebe zu erfahren. Beginnen Sie jeden Tag mit ein paar Momenten achtsamen Atmens und formulieren Sie Ihre Intention für den Tag. Es kann etwas so Einfaches sein wie „Heute werde ich mich um mich selbst kümmern und mir in allem, was ich tue, Liebe zeigen, weil ich es verdient habe."

Es mag seltsam klingen, aber sagen Sie sich dies – oder erstellen Sie eine persönliche Botschaft oder ein Mantra, das für Sie funktioniert – und Sie werden den Nutzen darin erkennen. Im Wesentlichen sendet ein liebevolles Mantra oder eine Intention ein Signal an Ihr Unterbewusstsein, dass Sie Liebe und Fürsorge verdient haben. Dieses wird langsam, aber sicher all die negativen Botschaften infrage stellen, die Ihnen vom Narzissten eingeprägt wurden.

2 Behandeln Sie sich selbst wie einen Freund oder ein kleines Kind

Wenn Sie sich niedergeschlagen fühlen und das Gefühl eines geringen Selbstwertgefühls nicht abschütteln können, stellen Sie sich vor, Sie wären jemand anderes – vielleicht ein guter Freund oder ein kleines Kind. Was würden Sie tun, damit er oder sie sich besser fühlt? Was würden Sie raten? Wenn Sie ein weiser und mitfühlender Freund wären, was würden Sie sich selbst sagen, um sich besser zu fühlen? Wenn Sie sich um ein kleines Kind kümmern würden, würden Sie es mit einer guten Mahlzeit füttern, ihm ein warmes Bad einlassen und es mit einer beruhigenden Geschichte ins Bett bringen?

Einen Brief an sich selbst zu schreiben ist eine weitere kraftvolle Möglichkeit, sich Ihre innere Weisheit und Güte zunutze zu machen. Schreiben Sie alles auf, was Sie sich selbst sagen würden, und wenn Sie es später wieder lesen, werden Sie erstaunt sein, wie kraftvoll Ihre eigenen Worte sein können. Bewahren Sie Ihre Briefe auf und lesen Sie sie sich vor, wenn Sie Klarheit oder ein wenig Unterstützung brauchen.

3 Erkennen Sie Ihre Gefühle an

Manchmal kann das einfache Benennen Ihrer Gefühle – *ich bin traurig* oder *ich bereue etwas* – ein Weg sein, um diese zu überwinden. Wir sind sehr gut darin, unseren Gefühlen auf alle möglichen Arten zu entkommen: Betäubung durch soziale Medien, Alkohol, Shopping, Essattacken.

Aber manchmal ist es der beste Weg, sich die Zeit zu nehmen, diese Gefühle wirklich zu fühlen, um sie zu integrieren und daraus zu lernen. Zum Beispiel, indem Sie sie einfach auf sich wirken lassen, sie aufschreiben, einen langen Spaziergang machen oder schwimmen gehen. Anstatt immer zu versuchen, ihnen zu entkommen, freunden Sie sich mit Ihren Gefühlen an und Sie werden bald feststellen, dass sie einfach nur Gefühle sind, keine konkrete, festgelegte Realität, und dass sie vorübergehen werden.

4 Verwöhnen Sie sich auf gesunde Weise

Das Leben ist dazu da, genossen und ausgekostet zu werden. Wenn Sie sich in einer Beziehung mit einem Narzissten wiedergefunden haben, haben Sie das vielleicht vergessen. Sie fühlen sich vielleicht erschöpft, entmutigt und klein.

Übernehmen Sie wieder die Kontrolle und begegnen Sie sich selbst mit Freundlichkeit und einer positiven

Einstellung, so wie Sie es mit jemandem tun würden, der sich von einer Krankheit oder einem Unfall erholt. Wie entspannen Sie sich am liebsten – bei einem lustigen Film, im Urlaub, mit Ihrem Lieblingsessen vor dem Fernseher, einem heißen Bad oder einem langen Spaziergang im Wald?

Geben Sie sich zur Abwechslung einmal selbst die Priorität – tun Sie all die Dinge, die Ihnen ein gutes Gefühl vermitteln, und nehmen Sie sich Zeit, sie regelmäßig zu tun.

5 Meditieren Sie

Die Vorteile der Meditation sind mittlerweile bekannt, und regelmäßige Meditation ist eine effektive Methode, um Gefühle von Ruhe, Glück und Kontrolle zu steigern. Dank des Internets ist es leicht, zu meditieren – suchen Sie einfach online nach geführten Meditationen, wählen Sie einen ruhigen Platz zum Sitzen oder Liegen und nehmen Sie sich zehn Minuten oder länger Zeit zum Meditieren – Sie werden bald merken, wie gut Ihnen mehr Klarheit und Freude tun.

6 Seien Sie dankbar

Es ist leicht, sich von allem, was schiefläuft, erdrücken zu lassen, besonders wenn Sie einen Narzissten in Ihrem Leben haben, der Sie an jeden Fehler und jedes Versagen erinnert. Aber die Forschung zeigt immer wieder, dass es Gefühle der Dankbarkeit sind und nicht Geld, Reichtum oder Erfolg, die zu einem guten Selbstwertgefühl führen.

Nehmen Sie sich einen Moment Zeit, wenn es Ihnen gerade passt, um an alles in Ihrem Leben zu denken, für das Sie dankbar sind – Ihre Freunde, Ihre Gesundheit und alles, was an diesem Tag gut gelaufen ist; von einem kleinen Gespräch über einen friedvollen Moment bis hin zum Lesen eines guten Buches. Dankbarkeit für die kleinen Freuden des Lebens zu empfinden, ist der wahre Schlüssel zum Glück.

7 Achten Sie auf Ihren Körper

Während Sie sich auf Meditation und gesunde Selbstgespräche konzentrieren, sollten Sie Ihren Körper nicht vergessen. Sich gut zu ernähren, viel Wasser zu trinken, ausreichend zu schlafen und sich regelmäßig zu bewegen – und sei es nur ein leichter Spaziergang, ein zehnminütiges Work-out oder durchs Haus zu tanzen – sind für das Glück unerlässlich.

Heutzutage passiert es schnell, völlig kopfgesteuert zu leben – seine Zeit online zu verbringen oder sich in Gedankengängen zu verrennen – während unser Körper vernachlässigt wird. Aber wenn Sie gerade eine schlechte Beziehung hinter sich haben, ist die Pflege Ihres Körpers genauso wichtig wie Ihr emotionales Wohlbefinden. Und wenn Ihr Kopf durcheinander ist, ist es manchmal eine gute Idee, zu den Grundlagen zurückzukehren – Essen, Wasser, Bewegung, Schlaf – um Ihr Wohlbefinden wiederherzustellen.

8 Geben Sie etwas zurück

Was egoistische Menschen nicht erkennen, ist, dass andere zu beschenken den Geber genauso belohnen kann wie den Empfänger. Sich die Zeit zu nehmen, anderen etwas

Gutes zu tun, ist eine Art, sich um sich selbst zu kümmern – engagieren Sie sich ehrenamtlich, verbringen Sie
Zeit damit, mit einem Kind zu spielen, sammeln Sie Geld
für einen guten Zweck oder helfen Sie einem Freund aus.
Sie werden spüren, wie Ihr eigenes Glück steigt – zusammen mit dem Glück desjenigen, dem Sie helfen.

9 Planen Sie für die Zukunft

Sobald Sie sich um Ihre Bedürfnisse im gegenwärtigen
Moment gekümmert haben, verbringen Sie etwas Zeit
damit, Ihre Zukunft besser zu gestalten. Was können
Sie heute tun, damit es Ihnen in einem Jahr besser geht?
Überlegen Sie sich, was Sie in Zukunft gerne tun würden
und wo Sie gerne sein möchten, und drehen Sie den Prozess um, indem Sie überlegen, was Sie jetzt tun können,
um dorthin zu gelangen.

Vielleicht müssen Sie sich weiterbilden oder sich eine frei-
berufliche Tätigkeit suchen, um einen Traumurlaub zu
finanzieren. Vielleicht wollen Sie gesünder und fitter sein,
also müssen Sie sich heute zum Laufen antreiben. Vielleicht wollen Sie ein Buch schreiben, also nehmen Sie sich
heute eine Stunde Zeit, um 500 Wörter zu schreiben.

Das Führen einer To-do-Liste für die Gestaltung Ihres
Lebens wird Sie bei Ihren täglichen Entscheidungen leiten
und dafür sorgen, dass Sie sich auf Ihr Glück und Ihre
Lebensziele konzentrieren. So verlieren Sie das große
Ganze nicht aus den Augen.

Kapitel sieben – Wieder lieben

Sie haben also begonnen, sich von Ihrer Beziehung mit einem Narzissten zu erholen, und Sie sind bereit, nach vorne zu blicken. Sind Sie das wirklich? In diesem Kapitel befassen wir uns mit der Partnersuche und damit, wie Sie vermeiden können, mit Ihrem neuen Partner dieselben Fehler noch einmal zu machen.

Wir werden auch einige Änderungen Ihrer Einstellung behandeln, die Sie vornehmen müssen, damit Sie bessere Beziehungen genießen können. Wir haben bereits Warnsignale behandelt, auf die Sie achten sollten. In diesem Kapitel gehen wir noch einen Schritt weiter und betrachten die ersten Anzeichen, die zeigen, dass Sie einen guten Partner gefunden haben. Zum Schluss behandeln wir gute Gewohnheiten, die einer neuen Beziehung einen gesunden Start ermöglichen.

Sie können die Bedingungen für eine Beziehung bis zu einem gewissen Grad festlegen, und der Anfang einer Beziehung ist der beste Moment dafür. Im Idealfall haben Sie einige Zeit damit verbracht, über Beziehungen und Ihre eigenen Verhaltensmuster nachzudenken, Sie fühlen sich frisch und energiegeladen und sind bereit, sich wieder in die Welt der Partnersuche hinauszuwagen.

Was können Sie tun, damit Ihre neuen Beziehungen einen optimalen Start erfahren? Die Antwort lautet: eine ganze

Menge. Aber schauen wir uns erst einmal einige Dinge an, die Sie unbedingt vermeiden sollten.

Sieben Fehler, die es zu vermeiden gilt, wenn Sie wieder mit der Partnersuche beginnen

Wenn Sie in einer Beziehung mit einem Narzissten waren, tragen Sie vielleicht immer noch wenig hilfreiche Überzeugungen darüber in sich, was ein Partner sagen und tun sollte. Ihr Urteilsvermögen kann getrübt sein, wenn Sie Zeit mit den falschen Leuten verbracht haben. Vielleicht haben Sie auch das Gefühl, dass Ihr Selbstvertrauen einen Schlag erlitten hat. Zunächst einmal gibt es keinen Grund, sich sofort wieder auf eine Beziehung einzulassen.

Geben Sie sich so viel Zeit, wie Sie brauchen, um sich zu erholen, indem Sie einen oder alle der Tipps anwenden, die ich im vorherigen Kapitel erwähnt habe. Denken Sie immer daran, dass Sie vorsichtig vorgehen müssen, um nicht noch einmal die gleichen Fehler zu machen.

Hier sind einige häufige Fallstricke, auf die Sie achten sollten, wenn Sie wieder anfangen, sich zu verabreden:

1 Ihr wahres Ich zu verbergen

In der Welt der Partnersuche kann es sich so anfühlen, als müssten wir uns als ein glänzendes Paket präsentieren, mit interessanten Hobbys, einem tollen Körper und einem glücklichen, unbeschwerten Gesicht. Tappen Sie nicht in diese Falle. Seien Sie zu jedem, den Sie treffen, ehrlich darüber, wer Sie sind. Haben Sie nicht das Gefühl, gefallen oder beeindrucken zu müssen, dann werden Sie feststellen, dass die richtigen Leute zu Ihnen kommen.

Was, wenn Sie dies lesen und dabei denken – aber ich weiß nicht, wer ich bin? Dann finden Sie es heraus. Lernen Sie sich selbst kennen und fühlen Sie sich wohl mit sich selbst, entweder allein oder unter Anleitung eines Therapeuten. Wenn Sie dann in die Welt hinausgehen, werden Sie sich sicherer fühlen und es ist weniger wahrscheinlich, dass Sie von einem Narzissten erschüttert werden.

2 Sich zu schnell in eine neue Beziehung zu stürzen

Wie wir bereits gesehen haben, sind Narzissten geschickt darin, zu Beginn einer neuen Beziehung keine Zeit zu verlieren, doch sobald der anfängliche Rausch nachlässt, geht alles wieder in die Binsen. Seien Sie sich dieser Tendenz bewusst, wenn Sie jemanden kennenlernen, und achten Sie auf Love Bombing. Das Wichtigste: Gehen Sie es langsam an. Betrinken Sie sich nicht und gehen Sie nicht gleich am ersten Abend mit Ihrem Date nach Hause, und teilen Sie auf keinen Fall alle Ihre Geheimnisse mit ihm.

Genießen Sie jedes unverschämte Love Bombing oder große Reden von Selbstverpflichtung mit Vorsicht. Wenn die Beziehung vorherbestimmt ist, wird es keinen Unterschied machen, ob Sie sich Zeit lassen. In diesem Sinne – und das muss gesagt werden: Schlafen Sie nicht gleich beim ersten Date mit jemandem, wenn Sie denken, dass eine längerfristige Beziehung daraus werden könnte.

3 Eine feste Beziehung zu erwarten

Wie oben beschrieben: Gehen Sie die Dinge langsam an.
Beim Dating geht es vor allem darum, Menschen kennenzulernen, und Sie können nicht erwarten, dass sich jemand
gleich bei der ersten Verabredung, oder selbst bei der
zweiten oder dritten, an Sie bindet. Wenn jemand bereit
zu sein scheint, Sie an sich zu reißen und bereits nach drei
Stunden in Ihrer Gesellschaft von einer festen Beziehung
spricht, fallen Sie nicht darauf herein! Jemand, der sich so
schnell in eine Verliebtheit hineinsteigert, wird sich wahrscheinlich genauso schnell wieder entlieben, und Sie sind
dann derjenige, der sich die Finger verbrennt.

4 Zu vergessen, sich zu amüsieren

Nach einer schlechten Beziehung kann man leicht das
Gefühl haben, dass alles zum Scheitern verurteilt ist.
Wenn Sie sich zynisch und verbittert fühlen, könnte es
daran liegen, dass Sie noch nicht bereit sind oder einfach
noch nicht die richtige Person gefunden haben.

Sie haben eine schlechte Erfahrung gemacht, und das
kann Ihnen die Lust auf jegliche Verabredungen verderben, so wie eine Lebensmittelvergiftung Ihnen für immer
ein bestimmtes Lebensmittel verleiden kann. Aber denken
Sie daran: Dating kann auch Spaß machen. Es gibt – ob
Sie es glauben oder nicht – viele anständige, freundliche,
fürsorgliche Menschen da draußen, die einfach nur jemanden treffen wollen, mit dem sie Zeit verbringen können.

Sie hatten etwas Pech. Aber das wird nicht immer so sein.
Durch etwas Selbstfürsorge und Zeit zum Nachdenken

haben Sie wichtige persönliche Fortschritte gemacht, die Ihnen in Zukunft helfen werden – wenn Sie bereit sind, es erneut zu versuchen. Nehmen Sie es nicht zu ernst und erinnern Sie sich an den positiven Nutzen von Achtsamkeit und Dankbarkeit, während Sie nach vorn blicken. Das Leben ist dazu da, um genossen zu werden, wozu sonst?

Ein wichtiger Hinweis: Wenn Sie das Leben wirklich nicht genießen oder sich ernsthaft ängstlich und deprimiert fühlen, werden alle aufmunternden Botschaften, alle Achtsamkeit und Dankbarkeit der Welt nicht ausreichen, damit Sie sich besser fühlen. Suchen Sie sich immer Hilfe, wenn Sie Probleme haben. Gehen Sie zu Ihrem Hausarzt, sprechen Sie mit jemandem.

5 Einen Partner als das A und O zu sehen

Sie können als Single vollkommen glücklich sein. Seltsamerweise finden viele Menschen erst dann jemanden, an den sie sich binden können, wenn sie alleine wirklich glücklich sind und niemanden suchen.

Wenn Sie das Gefühl haben, dass die Suche nach jemandem eine dringende Priorität in Ihrem Leben ist, müssen Sie ein wenig zurücktreten. Finden Sie Wege, die Zeit für sich selbst zu genießen. Verbringen Sie einen ganzen Tag allein mit Dingen, die Ihnen Spaß machen, freunden Sie sich mit sich selbst an und gönnen Sie sich die Art von Gesellschaft, die Sie sich von jemand anderem wünschen würden.

Wenn Sie wirklich das Gefühl haben, dass es dringend notwendig ist, jemanden zu finden, machen Sie sich die Sache nur noch schwerer. Neue Beziehungen gedeihen am besten in einer Atmosphäre von Leichtigkeit und Gelassenheit.

6 Nicht unvoreingenommen zu sein

Wenn Sie eine Vorstellung davon haben, wie Ihr neuer Partner sein sollte, und diese absolut in Stein gemeißelt ist, werden Sie auf Probleme stoßen. Dieser ideale Partner existiert vielleicht gar nicht. Oder der ideale Partner für Sie ist vielleicht ganz anders als der, den Sie im Kopf haben. Mein Rat ist, generell offen zu bleiben, nicht nur bei der Partnersuche. Seien Sie flexibel und probieren Sie neue Erfahrungen aus (während Sie immer sichere Grenzen wahren und auf sich selbst aufpassen).

7 Nicht auf Ihr Bauchgefühl zu vertrauen

Das ist wahrscheinlich das Wichtigste, was Sie tun können, um zu vermeiden, dass Sie denselben Fehler in einer Beziehung noch einmal machen. Sicher, Sie mögen denjenigen vielleicht wirklich. Er ist vielleicht attraktiv, lustig, charmant und scheint wirklich in Sie verliebt zu sein. An der Oberfläche sieht alles wunderbar aus, da er die richtigen Dinge sagt und tut.

Aber wie fühlt es sich an?

Als Menschen sind wir so gestrickt, dass wir bei der Interaktion mit anderen alle möglichen nonverbalen Signale wahrnehmen, um herauszufinden, ob sie vertrauenswürdig sind oder nicht. Die meiste Zeit sind wir uns dessen nicht bewusst, sodass wir uns manchmal angewöhnen, diese Botschaften unseres Unterbewusstseins zu übergehen oder zu ignorieren, wenn sie nicht mit dem übereinstimmen, was wir zu wollen glauben – eine Beziehung, jemanden zum Ausgehen, eine Heirat, Babys … Aber auf Ihr Bauchgefühl zu hören und ihm zu vertrauen – und dann auf das zu reagieren, was es Ihnen sagt – ist eines der klügsten Dinge, die Sie für Ihre körperliche und emotionale Sicherheit tun können.

Das kann bedeuten, unhöflich zu sein und eine Verabredung vorzeitig zu verlassen oder nicht mit jemandem nach Hause zu gehen, der unglaublich charmant und überzeugend ist. Es kann bedeuten, dass man Ihnen sagt, Sie seien unhöflich oder schwierig.

Machen Sie sich keine Sorgen. Wenn Sie mit jemandem zusammen sind und Ihr Bauch sich angespannt anfühlt oder Sie ein allgemeines Unbehagen verspüren, das Sie nicht ganz abschütteln können, glauben Sie diesen Botschaften und entfliehen Sie der Situation so schnell wie möglich.

Wenn es eine Botschaft gibt, von der ich hoffe, dass Sie sie aus diesem Buch mitnehmen werden, dann ist es folgende: **Vertrauen Sie immer auf Ihr Bauchgefühl.**

Fünf erste Anzeichen dafür, dass Sie endlich einen guten Partner gefunden haben

Nun, da wir herausgefunden haben, was man nicht tun sollte, wenn man wieder anfängt, sich zu verabreden, lassen Sie uns zu den guten Dingen übergehen: jemanden zu finden, der Ihre Welt zu einem glücklicheren Ort macht, anstatt sie auf den Kopf zu stellen. Es gibt viele Anzeichen, auf die Sie achten können und die Ihnen zeigen, dass Sie mit einem neuen Partner auf dem richtigen Weg sind.

Hier sind einige Dinge, auf die Sie achten sollten, wenn Sie anfangen, sich zu verabreden. Sie signalisieren Ihnen, dass Sie jemanden gefunden haben, mit dem Sie kompatibel sind.

1 Sie fühlen sich in seiner Gegenwart körperlich wohl

Wenn Sie mit jemandem zusammen sind, der gut für Sie ist, der Ihnen nicht schaden will, werden Sie wahrscheinlich ein warmes und leichtes Gefühl bekommen. Ihre Gespräche werden, die meiste Zeit über reibungslos verlaufen. Sie werden sich nicht den Kopf darüber zerbrechen, was Sie gesagt oder getan haben, und Sie werden sich amüsieren.

Sie werden sich körperlich sicher, wohl und entspannt fühlen. Achten Sie auf diese Gefühle, wenn Sie anfangen, sich zu verabreden, und glauben Sie an sie, auch wenn die Person nicht unbedingt in jeder Hinsicht Ihr Traumpartner ist – manchmal kommt es eben so.

2 Sie haben gemeinsame Interessen und Anliegen

Egal wie attraktiv jemand ist oder wie charmant, in einer langfristigen Beziehung muss mehr als nur die Chemie stimmen. Wenn Sie das Gefühl haben, dass Sie einige ähnliche Interessen und Leidenschaften teilen, ist das ein gutes Zeichen für Kompatibilität. Das bedeutet nicht, dass jemand mit allem einverstanden ist, was Sie sagen. Es geht mehr darum, Ihre Weltanschauung auszuloten und ziemlich schnell zu wissen, dass die andere Person auf derselben Wellenlänge ist.

Das soll nicht heißen, dass Sie in jeder Hinsicht kompatibel sein müssen. In der Tat ist es großartig, einige Bereiche zu haben, in denen Sie absolut nichts gemeinsam haben. Jemand mit anderen Interessen kann Ihnen Dinge beibringen, die Sie vorher nie interessant fanden. Und selbst auch Interessen zu haben, die Ihr Partner nicht teilt, gibt Ihnen ein Gefühl von Freiraum und erlaubt Ihnen, eine eigene Identität zu bewahren.

Denken Sie daran, dass es gut ist, freie Zeit auf die gleiche Weise zu genießen. Wenn Sie gerne reisen und Ihr zukünftiger Partner keinen Reisepass besitzt, ist eine lebenslange Beziehung vielleicht nicht in Aussicht. Wenn er sich sehr für ein Hobby interessiert – Radfahren, Computerspiele-Spielen, Laufen –, dass Sie überhaupt nicht interessiert, müssen Sie Ihre Erwartungen an seine Verfügbarkeit vielleicht etwas zurückschrauben.

Aber wenn Sie herausfinden, dass Sie zumindest einige Dinge gleichermaßen genießen – selbst wenn es sich nur darum handelt, zusammen auf der Couch zu kuscheln und alte Filme zu schauen – dann stehen die Chancen gut, dass Sie die Gesellschaft des anderen genießen werden.

3 Er taucht zur angekündigten Zeit auf

Narzissten sind großartig darin, sich zu verspäten und mit Absagen und Enttäuschungen in letzter Minute für

Drama zu sorgen. Sie machen eine Menge Aufhebens um den einfachen Akt, Sie mit ihrer Anwesenheit zu beehren. Es ist nicht verwunderlich, dass sich das Zusammensein mit ihnen hektisch und stressig anfühlen kann.

Wie sieht die gegenteilige Erfahrung aus? Wenn jemand einfach pünktlich auftaucht, freundlich und entspannt aussieht und Sie eine schöne Zeit miteinander verbringen – reden, plaudern, spazieren gehen, einen Film sehen oder einfach nur einen Kaffee zusammen genießen – können Sie aufhören, wachsam zu sein und sich entspannen.

Wenn Sie anfangen, sich mit jemandem zu treffen, sollte sich das mehr wie das Kennenlernen eines Freundes oder Arbeitskollegen anfühlen als wie eine Szene direkt aus einem Hollywood-Film. Es sollte sich entspannt, leicht und lustig anfühlen. Sie sollten sich neugierig und belebt fühlen, nicht überwältigt oder überflutet von Emotionen und sprühenden Funken. Es sollte eine gewisse Chemie vorhanden sein, ja, aber es sollte sich nicht zu dringend oder übertrieben anfühlen.

4 Er ist durchweg freundlich und an Ihnen interessiert

Erinnern Sie sich an die zwischenzeitliche Bestärkung? Das Gegenteil davon ist Beständigkeit. Wenn jemand nett zu Ihnen ist, aber nur manchmal, wäre mein Rat an Sie, sich zurückzuhalten. Aber wenn jemand durchgängig nett und freundlich ist – nicht übertrieben, nur angemessen –, dann könnte es gut sein, dass Sie einen Glückstreffer gelandet haben.

Verschwenden Sie Ihre Zeit nicht mit jemandem, der nur manchmal verfügbar ist oder der Ihnen nur die kläglichen Überreste seiner Aufmerksamkeit schenkt. Generell gilt: Wenn jemand Sie mag, **werden Sie das spüren.** Es ist kein Geheimnis. Wenn Sie sich fragen müssen, wo Sie bei jemandem stehen, ist es wahrscheinlich, dass Sie demjenigen nicht am Herzen liegen.

5 Sie haben ähnliche Lebensstile

Schlaf, Essen, Bewegung, ein gewisses Maß an Sauberkeit und tägliche Gewohnheiten wie Lesen oder Sport – all diese alltäglichen Dinge machen die Art und Weise aus, wie Sie Ihr Leben leben. Wenn Sie in Bezug auf die kleinen Dinge eine gewisse Kompatibilität feststellen, dann ist das ein sehr gutes Zeichen für Ihre gemeinsame Zukunft. Wenn Sie das Haus von jemandem betreten und Ihnen gefällt, wie es aussieht und sich anfühlt (anstatt dass Sie sich beeindruckt, ehrfürchtig oder einfach nur leicht verblüfft fühlen), dann sollten Sie diesem Gefühl vertrauen. In einer langfristigen Beziehung geht es nicht um umwerfende Leidenschaft und Anziehungskraft. Es geht darum, das tägliche Leben zusammen zu genießen, und Ihre täglichen Gewohnheiten sind ein großer Teil davon.

In diesem Sinne: Wenn Sie sich das Leben leichter machen wollen, achten Sie darauf, wie jemand sich selbst und seinen Lebensraum präsentiert. Wenn er ungepflegt oder chaotisch wirkt, sollte Sie das stutzig machen. Und wenn diese Person von Alkohol oder anderen Substanzen abhängig ist, sollten Sie sich dessen bewusst sein, dass sie möglicherweise nicht die Ressourcen hat, um ein guter Partner zu sein.

Acht großartige Gewohnheiten, um Ihre neue Beziehung auf die richtige Weise zu beginnen

1 Langsam und gleichmäßig

Halten Sie sich zurück, wenn Sie jemand Neues kennenlernen. Denken Sie daran: Wenn er oder sie der/die Richtige ist, haben Sie alle Zeit der Welt, diese Tatsache zu genießen. Wenn derjenige nicht der Richtige ist, sollten Sie die Beziehung so genießen, wie sie ist, aber gleichzeitig sich selbst schützen, damit Sie sich nicht nachher von einer katastrophalen Beziehung erholen müssen.

2 Behandeln Sie ihn so, wie Sie auch behandelt werden möchten

Geben Sie den Ton für die Beziehung an, die Sie mit jemandem haben möchten, indem Sie selbst ein Vorbild sind. Seien Sie freundlich. Seien Sie pünktlich. Kommunizieren Sie so klar, wie Sie können. Eine neue Beziehung ist ein Neuanfang, und Sie können sie in die richtige Richtung lenken, indem Sie respektvoll und positiv sind.

Selbst wenn es zu Streitigkeiten kommt – und das wird es –, denken Sie daran, dass Sie etwas Besonderes mit der Person teilen und dass Sie darauf achten müssen, auch wenn Sie eine vorübergehende Meinungsverschiedenheit haben. Es ist möglich, mit jemandem zu streiten und dabei trotzdem respektvoll zu bleiben und der Bindung zwischen Ihnen keinen dauerhaften Schaden zuzufügen.

Wenn es zwischen Ihnen passt, haben Sie den Grundstein für eine reiche und liebevolle Beziehung gelegt, indem

Sie Ihren Partner so behandeln, wie Sie selbst behandelt werden möchten.

3 Konzentrieren Sie sich auf die andere Person

Der Aufbau einer starken Beziehung erfordert Zeit und Mühe. Sie ist oft das Ergebnis vieler täglicher Interaktionen, und zu lernen, sich auf jemanden zu konzentrieren und auf ihn einzugehen, ist eine nützliche Fähigkeit für jede Beziehung, nicht nur für eine romantische.

Um dies zu tun, beseitigen Sie zuallererst die Ablenkungen. Nehmen Sie sich Zeit für Ihren Partner, schalten Sie Bildschirme aus, hören Sie zu und konzentrieren Sie sich. Selbst wenn Sie beschäftigt sind und in gegensätzliche Richtungen davoneilen, können Blickkontakt und Zuneigung viel dazu beitragen, auch in Zukunft eine gesunde und liebevolle Verbindung aufrechtzuerhalten.

4 Achten Sie auf sich selbst

Nur weil Sie jemand Neues kennengelernt haben, sollten Sie nicht mit Ihren Bemühungen aufhören, Ihre Erfahrung mit einem Narzissten zu verarbeiten. Tun Sie weiterhin all die Dinge, die Sie getan haben, um sich zu erholen – sprechen Sie mit einem Therapeuten, kümmern Sie sich um Ihr körperliches und geistiges Wohlbefinden, schreiben Sie Tagebuch und verbringen Sie Zeit allein, um sich auszuruhen und Kraft zu tanken. Nehmen Sie sich regelmäßig Auszeiten, um darüber nachzudenken, wie es mit der Beziehung weitergeht und wie Sie sich fühlen. Dies ist eine weitere Möglichkeit, sich auch in Zukunft um sich selbst zu kümmern.

Gewöhnen Sie sich schon in den ersten Tagen an, sich etwas persönlichen Freiraum zu lassen, auch wenn Sie gern all Ihre Zeit mit der anderen Person verbringen würden. Geben Sie ihr die Möglichkeit, Sie zu vermissen und neugierig darauf zu sein, was Sie zwischenzeitlich so getrieben haben. Es ist wichtig, sich selbst Zeit zu geben, um Ihre eigene Gesellschaft zu genießen.

5 Verweilen Sie nicht in der Vergangenheit

Was auch immer mit dem Narzissten passiert ist, halten Sie sich nicht zu sehr damit auf, wenn es Ihnen ein schlechtes Gefühl gibt. Natürlich müssen Sie sich damit auseinandersetzen, entweder allein oder mit einem Therapeuten, aber halten Sie nicht daran fest. Wenn Sie sich dabei ertappen, dass Sie grübeln oder sich fragen, wie es dem Narzissten geht, bringen Sie sich mit Selbstfürsorge oder Ablenkung wieder in die Gegenwart zurück.

Gehen Sie nicht davon aus, dass alle Ihre zukünftigen Partner Sie im Stich lassen werden. Wenn Sie etwas an sich selbst gearbeitet und darüber nachgedacht haben, was Sie zu Ihrem narzisstischen Partner geführt haben könnte, sollten Sie in der Lage sein, diesen emotionalen Ballast nicht in Ihre neue Beziehung mitzunehmen. Geben Sie dieser neuen Person eine Chance.

6 Erinnern Sie sich daran, wie weit Sie gekommen sind

Wenn Sie in einer Beziehung mit einem Narzissten gewesen sind, haben Sie eine ziemlich harte Erfahrung hinter sich. Erinnern Sie sich immer daran, dass Sie sich selbst befreit haben, dass Sie jetzt in Sicherheit sind und dass Sie noch viel vor sich haben.

Wenn Sie sich dabei ertappen, dass Sie die Zeit, die Sie mit dem Narzissten verbracht haben, bereuen, dann erinnern Sie sich daran, dass Sie eine großartige Zukunft vor sich haben, die er nicht mehr ruinieren kann. Sie sind in Sicherheit. Sie haben es verdient, glücklich zu sein.

7 Machen Sie die Beziehung nicht gegenüber anderen schlecht

Wenn Sie mit jemandem eine neue Beziehung beginnen, kann es sinnvoll sein, sie in Ruhe und nicht öffentlich wachsen zu lassen, bevor Sie anfangen, mit anderen darüber zu sprechen. Es ist normal, dass Sie Freunden von Ihrer neuen Beziehung erzählen wollen, aber passen Sie auf, wie viel Sie erzählen. Versuchen Sie, einige Dinge privat zu halten. Hierfür gibt es mehrere Gründe.

Erstens kann es sich negativ auf die neue Beziehung auswirken, wenn Sie andere zu schnell in Ihre neue Welt mit dieser Person einweihen, vor allem, wenn diese Sie lieber als Single sehen. Zweitens kann das detaillierte Besprechen einer Beziehung mit Dritten ihrem Wachstum Energie entziehen und die neue Bindung, die Sie eingegangen sind, dem Einfluss anderer aussetzen, die vielleicht nicht Ihr Bestes im Sinn haben.

Wenn Sie sich nicht sicher sind, wie es zwischen Ihnen läuft, aber im Allgemeinen ein gutes Gefühl haben, vertrauen Sie sich Ihrem neuen Partner, Ihrem Tagebuch oder Ihrem Therapeuten an. Und wenn Sie sich plötzlich verärgert fühlen, sollten Sie nicht gleich losstürmen und Ihren neuen Partner bei Ihren Freunden schlechtmachen. Eine neue Beziehung ist zerbrechlich, wie ein Setzling oder ein winziges Baby, und Sie müssen sie mit Vorsicht behandeln, während sie gedeiht.

8 Gemeinsam lachen

Gemeinsamer Humor ist eine der besten Möglichkeiten, Stress abzubauen und sich mit Ihrem Partner zu verbinden. Und genau dies macht den Reiz einer romantischen Beziehung aus. Vergessen Sie also nicht, zu lachen, die Gesellschaft des anderen zu genießen und gemeinsam albern zu sein.

Ein letztes Wort zum Finden einer neuen Liebe

Wenn Sie mit dem Narzissten abschließen, denken Sie daran, positiv und hoffnungsvoll gegenüber der Zukunft zu sein, aber auch realistisch. Leider gibt es da draußen einige Menschen, von denen Sie sich zu Ihrem eigenen Wohlbefinden und Glück fernhalten müssen. Aber es gibt auch viele andere, die Ihr Leben bereichern werden. Letztlich geht es darum, den goldenen Mittelweg zu finden zwischen dem Wahren der eigenen Sicherheit und dem Vertrauen darin, dass die Menschen, die Sie treffen, Sie gut behandeln werden.

Wenn die Beziehung mit einem Narzissten für irgendetwas gut war, dann dafür, dass Sie gelernt haben, sich auf alle möglichen neuen Arten um sich selbst zu kümmern. Glauben Sie an Ihre neuen Erkenntnisse, gehen Sie raus und haben Sie Spaß!

Fazit

Hoffentlich haben Sie in diesem Buch mehr über sich selbst und andere Menschen herausgefunden. Nutzen Sie dieses Wissen, um gesunde, befriedigende und freudvolle Beziehungen zu genießen. Wir haben uns gemeinsam auf eine Reise begeben, und ich wünsche Ihnen von ganzem Herzen, dass Sie sich gestärkt, gebildet und bereit für die Zukunft fühlen.

Nehmen wir uns einen Moment Zeit, um die wichtigsten Punkte dieses Buches durchzugehen.

Zuerst haben wir uns die Gründe dafür angeschaut, warum Sie dieses Buch überhaupt lesen: Sie vermuten, dass Sie sich in einer Beziehung mit einem Narzissten befinden könnten, und Sie wollen mehr darüber herausfinden. Oder Sie haben sich aus einer schlechten Beziehung gelöst und fragen sich nun – was ist passiert? Vielleicht wollen Sie auch vermeiden, die gleichen Fehler noch einmal zu machen oder andere davor bewahren, dies zu tun.

Ich glaube fest daran, dass man seinen Feind kennen sollte. Und den Narzissten zu kennen und zu wissen, wie er oder sie tickt, ist ein Hilfsmittel, das Ihnen auf Ihrem Weg durchs Leben zugutekommen wird.

Wir haben uns auch die Haupteigenschaften von Narzissten angesehen, die sie so leicht erkennbar machen: in erster Linie ein großspuriges Selbstverständnis – ein unerschütterlicher Glaube, dass sie etwas Besonderes und einzigartig talentiert sind. Sie haben auch eine schamlose Fähigkeit, Menschen auszunutzen, andere zu missbrauchen und sich selbst an die erste Stelle zu setzen.

Wir haben uns ebenfalls angeschaut, was jemanden zu einem Narzissten macht und dass eine Kindheit, die von einem Wechsel zwischen exzessiver Verwöhnung und Zeiten der Vernachlässigung geprägt ist, oft den Boden für eine narzisstische Persönlichkeitsstörung bereitet. Wir haben gesehen, dass der Narzisst trotz der starken und überwältigenden Art der Selbstdarstellung tief im Innern in Wirklichkeit sehr einsam und nicht annähernd so mächtig ist, wie er Sie glauben machen will.

Wir haben die wichtigsten Warnzeichen von Narzissten und einige ihrer häufigsten Taktiken entdeckt, darunter Gaslighting, Love Bombing, zwischenzeitliche Bestärkung und narzisstische Wut. Die manipulativen Taktiken von Narzissten können auf diejenigen, die an eine geradlinigere Kommunikation gewöhnt sind, ziemlich beunruhigend wirken, aber wenn Sie sie erst einmal kennen und verstehen, sind Sie besser gerüstet, um mit ihnen umzugehen. Und, was am wichtigsten ist: Sie haben aufgehört, sich zu fragen, ob das alles nur Einbildung ist.

Sie kennen jetzt viele der bezeichnenden Phrasen, mit denen Narzissten daherkommen und was sie auslöst. Sie können die Art von Menschen identifizieren, zu denen sich Narzissten hingezogen fühlen – in der Regel freundliche und empathische Seelen, die dazu neigen, anderen einen Vertrauensvorschuss zu geben. Wir haben uns auch angeschaut, wie Sie vermeiden können, den Narzissten zu triggern und die volle Wut einer seiner Angriffe zu spüren.

In einfachen Worten: Sie können mit einem Narzissten nicht vernünftig reden und Sie können von ihm nicht die gleichen vernünftigen Antworten erwarten, die Sie von anderen bekommen würden. Das Zusammensein mit einem Narzissten ist nicht wie das Zusammensein mit den meisten Menschen – Sie müssen sich in erster Linie darauf konzentrieren, sich selbst zu schützen und mit dem Narzissten auszukommen, damit er sich unter Kontrolle halten kann.

Ein wichtiger Punkt, den wir hier berührt haben, ist, dass der Narzisst sich nicht ändern kann. Es gibt nichts, was Sie tun können, um sein Verhalten zu verbessern. Dies zu akzeptieren und so gut es geht weiterzumachen, ist die einzig vernünftige Reaktion.

Wir haben dann untersucht, wie sich all dies auf seine Opfer auswirkt. Wir haben uns angeschaut, welchen Schaden es bei Ihnen anrichten kann und warum Sie sich zu Ihrem eigenen Wohlbefinden von dem Narzissten entfernen oder lösen müssen. Narzissten sind sehr gut darin, ihre Opfer zu manipulieren, an ihnen festzuhalten, wenn sie Anzeichen für einen Ausstieg zeigen, und Ihnen einen klaren Schnitt so schwierig wie möglich zu machen.

Aber sobald Sie sich dessen bewusst sind und Ihre eigene zukünftige psychische Gesundheit und Ihr Wohlbefinden im Auge behalten können, werden Sie in sich selbst die Kraft finden, das Band endgültig zu kappen. Das Traurige dabei ist, zu akzeptieren, dass der Narzisst nicht wirklich zu Liebe oder fürsorglichen Beziehungen fähig ist, und Sie müssen die Hoffnung aufgeben, dass Sie von ihm jemals das bekommen werden, was Sie brauchen.

Der zweite Teil des Buches war aktiver und erforderte mehr Input von Ihnen, mit vielen Techniken und Strategien, um in Ihrem neuen Leben voranzukommen, frei von dieser störenden Persönlichkeit.

Wir haben uns angeschaut, wie man es schafft, sich davonzumachen, und die Gray-Rock-Methode als eine Möglichkeit, den Narzissten dazu zu bringen, sein Interesse an Ihnen zu verlieren.

Dann haben wir uns mit der Heilung beschäftigt – wie man sich nach dieser verstörenden Erfahrung wieder in eine neutrale Position bringen kann, und wie man von dort aus wieder Kraft schöpft und mit Mut, starkem Selbstwertgefühl und Hoffnung nach vorne geht.

Sie haben alle möglichen Arten entdeckt, sich selbst stärker und gesünder zu machen, sodass der Narzisst keinen Weg zu Ihnen zurückfinden kann. Zu den Möglichkeiten, um die psychische Gesundheit zu fördern, gehören Therapie, Meditation, Selbstliebe, Mantras und das Führen eines Tagebuchs. Sie können sich körperlich mit Essen, Schlaf und Bewegung stärken. Es gibt so viele Möglichkeiten, sich selbst zu heilen, und ich hoffe, Sie finden eine, die für Sie funktioniert und aus der Sie jede Menge Nutzen ziehen können.

Schließlich haben wir uns angesehen, wie Sie den Kreislauf durchbrechen können, damit Sie sich nicht wieder in diese Situation begeben. Wir behandelten frühe Warnzeichen, auf die Sie in einer Beziehung achten sollten, und auch die Signale, die zeigen, dass Sie auf dem richtigen Weg zu einer gesünderen und zufriedeneren Zukunft sind.

Sie verdienen es, gut behandelt zu werden, Sie verdienen eine liebevolle Beziehung, und ich glaube ehrlich, dass Sie das finden können, wenn Sie die Arbeit zu neuem Wachstum leisten und auf sich selbst aufpassen. Manchmal ist ein Buch nicht genug und man braucht auch etwas Anleitung aus dem wirklichen Leben: Ich hoffe, dass Sie die Ressourcen und den Mut haben, sich mithilfe eines ausgebildeten und kompatiblen Therapeuten weiter damit auseinanderzusetzen, wenn Sie das brauchen.

Ich hoffe, Sie haben die Reise genossen und fanden sie nützlich. Der Umgang mit Narzissten ist unglaublich frustrierend, und sie können eine Menge Schaden anrichten. Ich wünschte, es wäre nicht so, aber es ist sehr wahrscheinlich, dass Sie ihnen in Ihrem Leben, Ihrer Arbeit und Ihrem täglichen Umgang mit der Welt begegnen werden, selbst wenn Sie nie eine enge Beziehung zu einem Narzissten führen.

Manchmal kann man sie nicht einfach ignorieren. Sie werden von Psychologen weithin als einige der am schwierigsten zu behandelnden Menschen betrachtet. Wenn Sie sich also die Zeit zu nehmen, sich über sie zu belesen und mehr zu erfahren, nutzen Sie Ihre Zeit und Energie gut. Die menschliche Natur ist faszinierend, und vielleicht kommen Sie sogar an den Punkt, an dem Sie die Macken eines Narzissten in Ihrer Familie oder an Ihrem Arbeitsplatz einfach genießen können, ohne zu sehr davon betroffen zu sein.

Sie kennen jetzt eine ganze Reihe von effektiven Strategien, um mit Narzissten umzugehen, die Sie einsetzen und so oft wie nötig anwenden können (hoffentlich werden Sie das nicht nötig haben, aber das kann man nicht garantieren!) Sie wissen, wie Sie auf sich selbst aufpassen, wie Sie sich zurückziehen können und wie Sie gesündere und befriedigendere Beziehungen zu denen aufbauen können, die Ihre Anwesenheit, Zeit und Energie zu schätzen wissen. Sie wissen, dass Sie immer das Recht dazu haben, zu entfliehen, auch wenn Narzissten es Ihnen schwer machen.

Wenn es eine Sache gibt, die Sie aus diesem Buch mitnehmen sollten, dann ist es, **Ihren Instinkten zu vertrauen und alles Nötige zu tun, um sicher und glücklich zu sein.** Es gibt keinen Grund, mit denen zu leiden, die nicht gut für Sie sind, und ihnen Ihre Zeit und Energie zu geben, die Sie anderswo besser verbringen könnten.

Narzissten sind wirklich Vampire, die unter uns wandeln, die sich von der guten Energie anderer ernähren und denen es nichts ausmacht, Ihre Freundlichkeit und Großzügigkeit auszunutzen. Fühlen Sie sich nicht schlecht, wenn Sie einen Narzissten verlassen, wie sehr er auch weinen und jammern mag. Sagen Sie Nein, schützen Sie Ihre Grenzen, stellen Sie sich und Ihr eigenes Wohlbefinden an die erste Stelle. Sie haben in Ihren zwischenmenschlichen Beziehungen so viel mehr als das verdient – und Sie können es erreichen.

Literatur

Ahrend, M. (2020). *Durchschaue das gefährliche Spiel des Narzissten: Wie du ihn für immer besiegst und endlich wieder glücklich wirst (Ratgeber Narzissmus in Beziehungen)*. Virtuoso.

Albert, E. (2021). *Jeden Tag neu verliebt: Mit den richtigen Fragen die Beziehung vertiefen und glücklich werden wie am ersten Tag. Das Ausfüllbuch mit wertvollen Tipps vom Beziehungscoach*. Yes Publishing.

Merzeder, C. (2015). *Wie schleichendes Gift: Narzisstischen Missbrauch in Beziehungen überleben und heilen* (7. Aufl.). Scorpio Verlag.

Müller, T. (2022). *Verdeckter Narzissmus in Beziehungen: Die subtile Form toxischen Verhaltens erkennen und sich von emotionalem Missbrauch befreien* (Originalausgabe Aufl.). Kailash.

Simon, J. H. & Arnoldt, M. (2019). *Sieg über Narzissmus: Narzisstischen Missbrauch erkennen - überwinden - heilen* (Illustrated Aufl.). J.H. Simon.

Stahl, S. (2017). *Jeder ist beziehungsfähig: Der goldene Weg zwischen Freiheit und Nähe* (Originalausgabe Aufl.). Kailash.

Wardetzki, B., R., S., Seifert, J., Rauen, L. & Medien, H. (2021). *Und das soll Liebe sein? Wie es gelingt, sich aus einer narzisstischen Beziehung zu befreien.* Hierax Medien.

Winkler, I. (2022). *365 Fragen für Dich & Mich: Abwechslungsreiche Fragen zum Vertiefen eurer Beziehung. Das perfekte Geschenk für Pärchen, den Partner oder die Partnerin.* Bookian Publishing.

Zangl, M. (2020). *Mein verlorenes Ich: Narzissmus in der Beziehung und wie Dir die Befreiung gelingt.* Zangl Publishing.

www.ingramcontent.com/pod-product-compliance
Lightning Source LLC
Chambersburg PA
CBHW070117030426
42335CB00016B/2183